So
Easy !

make things

simple and enjoyable

太雅生活館

生活技能 062

夢想奔放
美東大學城

作者・攝影◎林怡潔・周蔚倫・劉微明・孫偉家・周慧君
陳孟竹・何孟賢・林彥廷・郭銘蘭・呂怡慧

太雅生活館

目錄

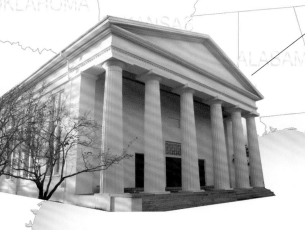

如何使用本書 How to use

本書以協助正準備留學美國東部，但是對於各校位置、學校特色、或是週遭生活條件不甚清楚的同學為讀者目標，提供一個初步但是清楚易懂的閱讀指南，讓同學能在決定申請哪些東岸大學之前，能同時對大學城附近的生活機能有相當清楚的了解。並且，本書也相當適合準備東岸大城市旅遊的讀者，在走訪各大城市之時，也可以到附近的知名大學進行參觀，回味一下學生時期的校園生活，並且品嚐校園周圍平價美食。

全書分成六大單元

【作者介紹、校園花絮】
本書介紹10所學校、共10位作者，將以最豐富的經驗將各校值得介紹的校園風情呈現給大家。每個學校都有清楚的校園資訊並搭配相關圖片，文字流暢資料完整，不同於市面上的留學資訊，每篇都充滿了作者豐沛的情感。

【學校簡介】
以學校及所在城市進行點題，介紹城市以及學校之間的社區關係甚至近年的發展演變。在有限的篇幅當中，除了介紹建校緣起、歷史沿革還添加校園小趣事。是對學校進行初步認識最好的切入點。

【學術聲望與傑出校友】
美國知名大學建校悠久，擁有相當豐富的創建校史，因此可以蒐羅到眾多傑出校友資訊。並且可知道該校最突出領域為何，可作為讀者選校時候最基本的參考指標，有為者亦若是，趕緊翻開來看看。

【如何抵達學校】
用縮圖方式顯示校於相對位置，讓讀者可以對學校位置有概括性的了解。書中提供各種抵達學校的交通方式，例如：飛機轉機場巴士、機場巴士到市區如何接駁。學校對外交通方式也是一大重點，讀者可以從內文知道學校所在位置是否便利，也可作為選校的考量。

【校園美景導覽】
美國大學校園普遍有著極大的腹地，同學若欲到此學習，要記得拜訪最為人所熟知的校內知名景點。書中搭配校園平面圖，將知名景點羅列，再加上詳細的導覽，讀者不但可以看門道，也可以看熱鬧。精采的景點照片先睹為快。

【校園周邊美食】
針對校園所在地區民眾的生活特性有簡單描述，搭配大學周邊校園平價美食地圖，介紹學生最愛的美食餐廳、咖啡館，以及逛街挑好或聖地！不但是留學生的私房推薦，更是觀光客不可錯過的餐廳指南。

① 篇章
以不同學校區分各校篇章

② 單元小目錄
每個篇章開始時，詳列
所包含的主題，一目瞭然。

③ 學校簡介
城市以及學校之間的關係，
建校緣起，歷史沿革

④ 學校聲望 & 傑出校友
學術成就評估的快速檢查表

⑤ 如何抵達校園
校園與機場相對位置，以及交通方式解說

⑥ 校園美景小目錄
景點名稱目錄整理，編號方便尋找

⑦ 校園平面圖
按圖索驥，搭配景點名稱及座標

⑧ 美食地圖
按圖索驥，搭配餐廳編號

⑨ 美食玩樂推薦
吃喝玩樂地點整理，編號方便尋找

劍橋市

哈佛大學
Harvard University

城市：劍橋市(Cambridge)，與波士頓
(Boston)僅一河之隔
州：麻塞諸塞州(Massachussetts)
代表色：猩紅色(Crimson)
學校官方網站：http://www.harvard.edu
台灣同學會：
http://harvardrocc.blogspot.com

Harvard University,
Massachussetts State, United States of America (USA)

科系：哈佛東亞區域研究碩士，人類學博士候選人

得過五次全國性的文學獎，作品散見

歷史月刊、明道文藝、中國日報、世界日報

曾任職企業界、廣播電台、電視公司與哈佛大學

林怡潔

劍橋市 & 哈佛大學

劍橋市(Cambridge)，座落在波士頓市西北方，與波士頓市區隔著查爾斯河(Charles River)遙遙相對。至2006年，全世界共有780人獲諾貝爾獎，而在小小的劍橋市裡號稱培養了780人中的130位諾貝爾獎得主，因為劍橋市有兩所世界著名的大學——哈佛大學和麻省理工學院。科學家們也相信，這個紀錄將永遠不會被打破，劍橋市也因此成為世界高等教育及研究的最典型模範，為世界各地莘莘學子心神嚮往的學術殿堂。

劍橋市

學校簡介

　　1636年由麻州殖民區法院投票通過，哈佛正式創校，名字乃是為了紀念捐贈圖書及財產給學校的約翰‧哈佛牧師。從學校所在地的名字——劍橋市(City of Cambridge)，就可以知道哈佛受英國教育制度影響甚深，創校初課程內容與英國學校提供的古典課程雷同，但再加上清教徒的理念。

　　早期畢業生多在新英格蘭地區擔任牧師。在十八世紀初雷佛瑞特校長(John Leverett)的改革下，哈佛轉型為追求學術獨立自由的學校，增加許多科學方面的課程，這時期也出了許多美國著名的學者，包括：亨利‧沃茲沃恩‧朗費羅(Henry Wadsworth Longfellow)、詹姆斯‧拉塞爾‧洛威爾(James Russell Lowell)、威廉‧詹姆斯(William James)、奧利佛‧溫德爾‧霍姆斯(Oliver Wendell Holmes)、路易斯‧艾格西(Louis Agassiz)、葛楚德‧史坦(Gertrude Stein) 等人。

　　十九世紀下半哈佛除大學部、法學院、醫學院之外更增加了商學院、牙醫學院及文理學院，同時哈佛的女子學院則於毛森芮蒂克利夫女士(Lady Mowlson)的慷慨捐贈之下，也於此時正式成立芮蒂克利夫女子學院。

　　現代的哈佛大學則是一所追求學術卓越不懈的研究型大學。哈佛大學同時也是長春藤盟校的一員，與其他七所東岸長春藤學校定期舉辦球類聯誼賽。作為美國歷史最悠久的大學，哈佛的「敵校」為耶魯大學，每年秋季舉辦的橄欖球大賽為傳統兩校盛事。

　　在校園建築物及紀念品(杯子、衣服)可看到一個盾牌內三本書上寫著拉丁文「VERITAS」字樣。VERITAS為哈佛的校訓，其意為「真理」。

學校聲望 & 傑出校友

美國現任總統：巴拉克‧歐巴馬 (Barack Obama)

Microsoft創辦人、世界首富：比爾蓋茲(Bill Gates)

中華民國現任總統：馬英九

知名大提琴演奏家：馬友友

愛滋病雞尾酒療法發明人：何大一

　　除了知名人士之外，曾接受哈佛榮譽學位或正式學位的名人可多了呢！例如：授予榮譽學位的美國開國元老喬治華盛頓(George Washington)、MBA畢業的小布希總統(George W. Bush)、老羅斯福總統(Theodore Roosevelt)、小羅斯福總統(Franklin Delano Roosevelt)、艾森豪總統(Dwight D. Eisenhower)、甘迺迪總統(John F. Kennedy)。哈佛也出過超過50位諾貝爾獎得主及15位普立茲獎作者，還有多位美國國會議員、大法官、將軍、州長、演員等，電腦巨擘比爾蓋茲、大提琴演奏家馬友友、雞尾酒療法發明人何大一也是哈佛校友。

　　台灣則有前副總統呂秀蓮、現任中華民國總統馬英九先生、數學家王金龍教授、故人類學家張光直教授、新光集團台新金控副董事長吳東昇、前遠航董事長崔湧、台積電董事長張忠謀、前行政院副院長賴英照等。哈佛校友人數眾多，遍及學、政、商界實在不勝枚舉。

如何到達哈佛大學

哈佛大學位在麻州劍橋市，距離最近的大城是波士頓(Boston)，最近的機場是波士頓羅根機場(Boston Logan Airport)。

如何從機場到達哈佛大學?

 方法1　公車與地鐵

機場大廈外可搭銀線公車(Silver Line)到南站(South Station，是一個地鐵站名稱及火車站總站)，站內再改搭往Alewife方向的紅線，於哈佛站(Harvard)下車即到哈佛大學。波士頓地鐵全線收費相同，都是$2.25。波士頓的地鐵別稱「T」，因此向人問路時可問「Where's the nearest T station?」

 方法2　搭機場計程車

跳表約在$30～$40之間。

 方法3　機場租車

取車後可往I-93North出口(出站需付隧道過路費)，在Sullivan Square下交流道，下交流道後立刻左轉，沿著該條路直行約15分鐘，這條路路名從Washington St.變成Kirkland St.。當你走到底時，會看到左手邊有一棟宏偉的Memorial Hall，就已抵達哈佛校區內。

如何從紐約到達哈佛大學?

 **方法1　從紐約搭巴士或火車**

搭車時間依火車種類(Acela Express 或 Regional Train)或巴士路線(直達或非直達車)，需3小時到5小時不等，下車地點都在South Station。再從該處搭紅線地鐵往Alewife方向就可以到哈佛大學。

 方法2　從紐約開車

車程約需4小時，由紐約前往波士頓可走I-95接I-87轉I-90，在Cambridge出口下交流道，下交流道後會看到右手邊有一間Doubletree Hotel，直行過橋後左轉走Memorial Drive，3分鐘內會遇到JFK St.，在該紅綠燈處右轉便可以開始找停車位，1分鐘內即到哈佛廣場Harvard Sqaure。

beautiful views

哈佛大學10大美景

Top 1

哈佛紀念教堂 MAP:C3
Harvard Memorial Church

　台灣用的是中原標準時間，美東用的是美國東部時間，在哈佛校園裡日常生活量度使用的則是「哈佛時間」。什麼是哈佛時間？雖然哈佛課堂授課的正式時間是整點，但實際上提早到的教授或助教，總要耐心等哈佛教堂的鐘聲打完，看看錶上分針走到7分才開始正式上課。哈佛大學校地廣大，學生下課穿梭來回有時7分鐘都不夠，下次讀者走在校園途中看到學生行色匆匆可別感到奇怪，他們正趕著哈佛時間去上課呢！

　鐘聲來源的哈佛教堂是不指名教派的教堂。雖有教授牧師週日講道，但教堂內沒有聖人像或十字架，也歡迎達賴喇嘛、猶太拉比蒞臨，達賴喇嘛2003年來訪時演講曾大受轟動。教堂由校友捐獻落成於1932年，是為了紀念參加一次世界大戰捐軀的哈佛學生，可說是哈佛校園中的心靈生活重心。教堂內地上兩層的聚會場地素淨莊嚴，2樓背後保留有管風琴，1樓木製屏風後則是每週日進行禮拜時著名的哈佛教堂合唱團清唱的地方。

Info

🕐 每週日上午10:00(夏季)；上午11:00(冬季)
💲 免費參觀

哈佛大學校園平面圖
（Harvard Yard部份校區）

科學史博物館
History of Science Museum ④

⑤ 畢巴堤考古民族學博物館
Peabody Museum of
Archaeology and Ethnology

⑩ 燕京圖書館、社會科學樓

紀念禮堂Memorial Hall
⑨

大門及哈佛廣場
Johnson Gate and
Harvard Square
⑦

哈佛紀念教堂
Harvard Memorial Church
①

⑧ 亞洲美術館
Sackler Museum

② 哈佛先生銅像
John Harvard Statue

⑧ 西洋美術館
Fogg Museum

查爾斯河畔、哈佛商學院、
甘乃迪政府學院
Charles River, Harvard Business
School and JFK School
⑥

⑩ 懷德納圖書館
Widener Library
③
圓明園石碑

哈佛先生銅像
John Harvard Statue `MAP:B4`

Top
2

　校園人氣排名第一的景點！遊客間口耳相傳，只要摸了銅像的左腳便能增加智慧，因此銅像左腳經年被摸得閃亮。這座銅像亦有一個別稱：「三個謊言」；第一，銅像並非哈佛本人，由於約翰‧哈佛老師去世時未留下任何遺像，後來立像時便只有找了個學生來做為參考範本；其二，此哈佛並非哈佛創辦人，哈佛生前在此校前身教書，病死異鄉前留下遺囑，將所有藏書與存款捐與學校，學校後來為紀念他的義舉而更名；第三，哈佛創校日期為1636年，並非銅像基座上的1638(但1638為哈佛去世那年)，因此共稱為3個謊言。

來參觀時記得摸一下銅像的左腳喔

beautiful views

Top**3**

懷德納圖書館 Widener Library `MAP:C4`

　　這座建築物銘記的，是一位心碎又堅強的母親付出的大愛。仔細看建築物上面的文字，寫著是「紀念哈利・懷德納」(In Memory of Harry Elkins Widener, 1885-1912)。哈利・懷德納為哈佛校友，也是一名青年藏書家，為了追尋珍本書到倫敦採買，歡天喜地買到了一部珍貴的《培根散文集》，回程卻搭上了鐵達尼號，與父親一同罹難。全家唯一生還的母親伊蓮納回到美國後，便決定將兒子的藏書捐給哈利的母校並設立圖書館來存放這些書籍，資金全由母親獨力支付。

　　這座地上5層、地下4層並有挑高大型閱覽室的圖書館於1915年落成，此後成了哈佛校園中的一大地標，經常成為遊客取景的重要地標。館內藏書近300萬，書架加在一起長度足足有50英哩，分館中的地圖收藏館裡也有甚多珍寶。

宏偉的圖書館是遊客拍照留念的最愛

Info

不對外開放，需有哈佛學生證才能入內。

科學史博物館 History of Science Museum `MAP:C1`

Top**4**

　　鮮為台灣人所知的是，哈佛有一套鎮校之寶「玻璃花」。乍聽之下玻璃花似乎無出奇之處，但是哈佛科學史博物館館藏的玻璃花，指的是一套數百件玻璃所製的植物標本。十九世紀末二十世紀初時，哈佛植物系教授委託德國一對手工極巧的吹玻璃工匠父子依照當時所知的植物樣貌製作，其精巧細膩栩栩如真的程度，令人讚嘆。科學史博物館館藏甚豐，動物標本、各類礦石等都甚為豐富，是值得家庭一同造訪的知性之旅好去處。

Info

- 平日與週日，上午9:00～下午5:00
- 平日成人$7.5，週日上午開放免費參觀。門票可與畢巴堤考古民族學博物館共用。

哈佛大學在波士頓地區有一座植物園，有興趣的旅客可以前往參觀。
✉125 Arborway Boston, MA 02130-3500
➡搭地鐵到橘線的Forest Hills站後步行約十分鐘

Top 5

畢巴堤考古民族學博物館 MAP:C1
Peabody Museum of Archaeology and Ethnology

與科學史博物館連結的是畢巴堤考古民族學博物館。哈佛人類學系乃為了研究分類畢巴堤博物館館藏而設。哈佛考古學家二十世紀初期戮力於中南美洲考古，因此關於中南美洲的館藏相當豐富，像是阿茲提克、馬雅文明的服裝、建築、日常飲食物件以及墨西哥著名的鬼節。

館藏也致力將館展結合人類學關懷弱勢的觀念，展出500年來北美洲原住民受西方影響的文化變遷點滴，訪客可由此瞭解北美原住民的生活，像是有名的交換禮物習俗、北美西北沿岸原住民的雕刻柱、愛斯基摩人的生活，彷彿電影《與狼共舞》的加強版。這個博物館5樓是人類學系的實驗室、辦公室和教室，4樓有大洋州收藏及攝影特展，地下室辦公室據說有一位解開馬雅文字謎的學者在此辦公。

Info

- Ⓒ 平日與週日，上午9:00～下午5:00
- Ⓢ 平日成人$7.5，週日上午開放免費參觀。門票可與科學史博物館共用。
- http 講座資訊：www.peabody.harvard.edu

查爾斯河畔、哈佛商學院、甘乃迪政府學院
Charles River, Harvard Business School and JFK School
MAP:A4

Top 6

哈佛校區橫跨查理斯河河岸，校總區在河左岸的劍橋市(Cambridge)、商學院在奧斯頓(Allston)，醫學院、牙醫學院、公衛學院等在朗塢(Longwood)。來到哈佛廣場地鐵站後，可沿著甘迺迪街(JFK St.)往南走。約過了第三個紅綠燈時，右手邊為哈佛甘迺迪政府學院及學院草地，可在草地上休憩野餐一會兒。

繼續南行便可看見查爾斯河，可左轉沿著Memorial Drive上的河岸步道散步，每年10月中查爾斯河畔這段水道會固定舉行世界大學划船大賽，可以散步觀賞划船或是往來慢跑的人們。步道走下去沿途是大學部型態的宿舍(House)，也可走到麻省理工學院(MIT)，但可要花上半小時至1小時的腳程。過橋到對岸，可以參觀全美排名第一的哈佛商學院。

Info

一般遊客可自由參觀，但無團體導覽。

beautiful views

劍橋市

MAP:B3

大門及哈佛廣場
Johnson Gate and Harvard Square

若想與哈佛大門合照，麻州路上(Massachusetts Ave.)的Johnson Gate為首選。進門後右手邊不起眼的紅色磚建築Massachusetts Hall是校長室，左手邊另一棟則是最老的紅磚造建築、作為教室之用的哈佛樓(Harvard Hall)。嚴格說來，哈佛廣場(Harvard Square)不算校園內，但地鐵站所在位置Harvard T Station以及書報攤(Out of Town News)卻是關於哈佛的電影必會帶到的經典場景。這有許多書店(Harvard COOP、Wordsworth童書部、Harvard Bookstore、The Globe Corner Bookstore)、咖啡店、冰淇淋店及流行服飾店等，也是號稱全美有證照的街頭藝人密度最高的地區，豈可不好好瀏覽呢？Au Bon Pain前面有喜歡與人下西洋棋的固定棋手，有時在此還可以看到哈佛學生抗議遊行的景觀哩！

哈佛校方規定校園不外借拍片，因此所有關於哈佛的電影、電視影集，像是韓劇《愛在哈佛》，或是電影《金髮尤物》、《心靈捕手》等，都是借其他校景所拍攝，實際拍攝地點在加拿大多倫多、加州洛杉磯等地。

MAP:D4、D3

西洋美術館Fogg Museum與亞洲美術館Sackler Museum

喜歡西洋藝術的人不可錯過哈佛的法格美術館。這座建築物本身中庭便是仿義大利十七世紀文藝復興式樣設計，並展列從中世紀到現代的各種畫作、雕像，包括印象派梵谷、竇加、畢卡索等人的真跡。法國十九世紀與義大利文藝復興時期的畫為此館強項。

亞洲美術館則是展出亞洲藝術的博物館，根據哈佛政府系教授Susan Pharr證實，不少博物館中的中國展品是八國聯軍時，美軍從中國掠奪來的珍品。另也有印度與伊斯蘭教的藝術品。進入館中，左手邊一道長樓梯為軸線，可以走到各樓的展室，也是別出心裁的設計。這棟博物館同時也是藝術史及建築史系的辦公室及教室。西洋博物館旁邊一座現代樣式的建築則是法國現代派健將的柯比意(Le Corbusier)在美國唯一的代表作，是哈佛的電影資料館。

Info

- 平日與週日，上午9:00～下午5:00
- 平日成人$7.5，週日上午開放免費參觀。1張門票可參觀2間美術館。

哈佛大學
Harvard University

Top 9

紀念禮堂 Memorial Hall

哈佛作為全美最古老的大學，其建築物也與美國歷史息息相關。這座位在哈佛園(Harvard Yard)北邊、鄰近科學中心(Science Center)及噴泉石堆的建築物，是為了紀念南北戰爭中為北方捐軀的校友，經常被誤認為哈佛教堂，但它並無宗教禮拜功能。建築施工費時13年，玻璃窗為名家設計，可說是美國玻璃工藝巔峰的代表。建築物一側是大學部一年級的食堂，另一邊則是供表演聚會的山德斯劇場(Sanders Theater)。

Info

🕐 週一～週五，中午12:00～下午6:00
💲 紀念禮堂可免費參觀，劇場門票依節目不定，需洽位於Holyoke Center售票處Harvard Box Office。詳情請見 🌐 www.boxoffice.harvard.edu/

圓明園石碑、燕京圖書館、社會科學樓　MAP:B4、D2

在懷德納圖書館邊，有個龜身背著刻字的石柱，是不是挺有東方味？沒錯，它來自中國清朝慈禧太后最愛的圓明園。圓明園在八國聯軍時遭縱火燒毀，這座石碑倖免於難，結果1936年民國初年的哈佛大學中國校友會，把它遠渡重洋送到美國祝賀哈佛300年校慶。

提到石碑，就不能不提哈佛另一寶——燕京圖書館(Yenching Library)，是世界研究東亞地區的重鎮，也是全美數一數二的東亞圖書館，門口一對石獅子，相當容易辨認，裡面1樓的小廳也珍藏有宣統皇帝老師的墨寶。隔壁的中東系館內可免費參觀館藏，對伊斯蘭教有興趣的遊客，可趁來訪哈佛瞭解不同國家的文化。

Top 10

東亞系館就在燕京圖書館。燕京圖書館另一側的威廉詹姆斯樓是由設計911事件中遭受攻擊的紐約世貿大廈同一日籍建築師山崎實所設計，內有美國社會科學重鎮的社會學系、社會人類學系及心理系。過一條街就來到鼎鼎有名的設計學院，其外觀建築也極具特色。

Info

🕐 週一～週五，早上9:00～下午5:00
💲 建築皆可免費參觀

劍橋市

哈佛大學周邊吃喝玩樂

哈佛廣場交通方便，擁有眾多書店與學生氣息濃厚的餐廳、服飾店、小酒吧，反映此地大學城的特色，以下僅介紹哈佛廣場附近步行距離內受學生歡迎的餐廳。遊客可搭公車到Inman廣場(有葡萄牙菜色餐廳、美國南方菜色)、Porter廣場有日本商場。

美食餐廳

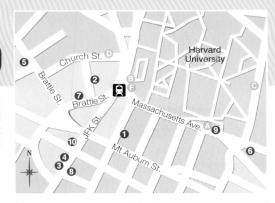

1 Finale

- 30 Dunster St., Cambridge
- 617-8644100
- 週一～週日，早上11:00～晚上11:00，其中週五和週六營業時間到凌晨。
- $10～30

這家波士頓最受歡迎的高級甜點餐廳本身是一個學院傳奇，創辦人是一位哈佛商學院學生，將課堂上寫的經營企劃報告點子變成真實！甜點外也供應輕食、雞尾酒等。

2 Veggie Planet 素食餐廳

- 47 Palmer St., Cambridge
- 617-661-1513
- 週一～週日，早上11:30～晚上10:30
- $5～10

愛吃素食者一定要光顧的餐廳，供應沙拉、飯類、披薩、湯，價格便宜，菜色健康，份量卻不小。

3 Bombay Club 印度餐廳

- 2F, 57 JFK St., Cambridge
- 617-8646100
- $10～30

哈佛廣場附近最熱門的印度餐廳之一，中午提供Buffet，有各種羊肉、海鮮、雞肉或素食菜色和雞尾酒。

4 OM Restaurant & Lounge 地中海菜餐廳

- 2F, 57 JFK St., Cambridge
- 617-5766800
- 30～40

是哈佛教授票選最愛的餐廳，如果預算容許，不妨前往一試。

5 L. A. Burdick

- 52 Brattle St., Cambridge
- 617-4911360

非常有名的新英格蘭手工巧克力商 L.A. Burdick的直營店，供應熱巧克力、飲料及各式巧克力甜點。

6 The Inn at Harvard

- 1201 Massachusetts Ave., Cambridge
- 617-4912222
- 早上6:30～11:00
- $10～20

本地知名的高級旅館，有提供早餐，可在其義大利式樣建築物享用精緻的餐點。

7 Red House

- 98 Winthrop St., Cambridge
- 617-5760605
- 週二～週四及週日，中午12:00～晚上12:00，週五～週六，中午12:00～凌晨1:00
- $20～30

這個餐廳位於一座十九世紀的古蹟內，露天的座位很受歡迎。供應精緻美式餐點。

8 Shay's Bar

- 58 JFK St., Cambridge
- 週一～週六，早上11:00～凌晨1:00；週日，中午12:00～凌晨1:00

Shay's Bar是愛爾蘭式露天酒吧，供應當地啤酒，許多哈佛研究生下課後喜歡到這裡辯論學術課題，可以體驗正宗美國學生酒吧的氣氛。酒吧位置不大，得要動作快才能從哈佛研究生中間搶到一席之地。

9 Mr. and Mrs. Bartley's Burger Cottage 漢堡專賣店

- ✉ 1246 Massachusetts Ave. , Cambridge
- ☎ 617-3546559
- ◎ 早上11:00～晚上9:00
- 💲 $10～20

哈佛廣場附近響噹噹的漢堡專賣店，經營四十多年的歷史，漢堡名(皆為美國名人)和菜色都甚有巧思。

10 Upstairs on the Square

- ✉ 91 Winthrop St. Cambridge
- ☎ 617-8641933
- ◎ 週一～週六，早上11:30～晚上12:00；週日，早上11:00～晚上12:00
- 💲 $20～50

這家是很受歡迎的餐廳供應高價的美式餐點(Soiree Room)也供應比較便宜的餐點(Monday Club Bar)，甜點也很受歡迎。

書店

A Harvard Bookstore

- ✉ 1256 Massachusetts Ave., Cambridge
- ☎ 617-6611515

非校方書店，但地下室有不少二手書可尋寶。

B The Harvard COOP

- ✉ 1400 Massachusetts Ave., Cambridge
- ☎ 617- 4992000

哈佛書店，學術與文學書籍相當齊全，也可請店員代購找不到的書，但價格稍貴。亦可購買紀念品。

戲劇電影

C Harvard Film Archive

- ✉ 24 Quincy St., Cambridge
- ☎ 617-4954700

哈佛電影資料館，每月有不同主題播放經典或現代電影、紀錄片等。

D Lowes Theater

- ✉ 10 Church St., Cambridge
- ☎ 617-8644580

學校附近放映院線片的地方，週六半夜有經典的另類電影(cult movie)《Rocky Horror Picture Show》演出。

E American Repertory Theatre

- ✉ 64 Brattle St., Cambridge (Loeb Drama Center)

當地許多前衛劇團演出的小劇場，值得一訪，開演前30分鐘可買學生票(Rush Ticket)，需出示學生證。

紀念品Shop

F Harvard COOP

- ✉ 1400 Massachusetts Ave., Cambridge
- ☎ 617-4954700

Harvard COOP是學校的員工消費合作社，可以買到「正牌」的哈佛紀念品，從T恤、鋼筆、戒指、月曆、高爾夫球配件到嬰兒圍兜兜一應俱全，如有目前在哈佛就學的朋友，出示學生證購買繡有校名的衣物(T恤、球帽)可打85折。

在鄰近的麻州路(Massachusetts Avenue)上也可以看到紀念品店，或者波士頓各觀光重要景點外的小攤或商店也可以買到印有哈佛校名的衣服，價格隨品質不一，請睜大眼睛多比較再下決定。

劍橋市

麻省理工學院

Massachusetts Institute of Technology

城市：劍橋市(Cambridge)
州：麻州(Massachusetts State)
吉祥物：海狸(Beaver)
代表色：深紅與鐵灰(Cardinal Red and Steel Gray)
學校官方網站：http://www.mit.edu
台灣同學會網站：http://rocsa.mit.edu

N

WASHINGTON
OREGON
MONTANA
NORTH DAKOTA
MINNESOTA
加拿大 Canada
MAINE
IDAHO
SOUTH DAKOTA
WISCONSIN
MICHIGAN
VT.
N.H.
紐約州 NEW YORK
麻州 MASS.
WYOMING
NEBRASKA
IOWA
PENNSYLVANIA
麻省理工學院 Massachusetts Institute of Technology
NEVADA
UTAH
COLORADO
INDIANA
OHIO
賓州
N.J.
馬里蘭州 MARYLAND DEL.
CALIFORNIA
KANSAS
ILLINOIS
MISSOURI
KENTUCKY
WEST VIRGINIA
VIRGINIA
ARIZONA
NEW MEXICO
OKLAHOMA
ARKANSAS
TENNESSEE
北卡羅萊那州 NORTH CAROLINA
太平洋 Pacific Ocean
ALABAMA
MISSISSIPPI
喬治亞州 GEORGIA
SOUTH CAROLINA
大西洋 Atlantic Ocean
墨西哥 Mexico
TEXAS
LOUISIANA
佛羅里達州 FLORIDA

Massachusetts Institute of Technology,
Massachusetts State, United States of America (USA)

科系：台灣大學心理系博士候選人

喜歡自助旅行及攝影，於2006至2007年間於哈佛大學訪問，

利用學術研究之外的時間盡情探索波士頓，

一年四季波士頓的風情、節慶盡覽無遺。

著有《Traveller's 波士頓》一書。

周蔚倫

劍橋市 & 麻省理工學院

提及麻省理工學院最常想到的城市可能是波士頓(Boston)，然而麻省理工學院實則位於波士頓北方的劍橋市(Cambridge)。波士頓市以查爾斯河(Charles River)為界，查爾斯河以北則是坐擁麻省理工學院和哈佛大學的劍橋市。從麻省理工學院側河岸往波士頓市區看，可以一覽最完美的波士頓天際線，波士頓各大地標在寬廣的查爾斯河河面上相映成雙，河面上點綴著風帆和愛斯基摩小船(Kayak)，是每年10月查爾斯河國際划船競賽的必經路線。大波士頓地區是世界學術、科技與醫療重鎮，有百所大學位於此，因此大波士頓地區學術氣息濃厚，是個對旅外留學生和遊客非常友善的地區。尤其波士頓是個先移民、後都市規劃的古城，因此市區小巧而便利，有美國步行之都的美名，外出只需搭乘大眾交通工具便足以滿足生活及娛樂所需！

劍橋市

學校簡介

麻省理工學院於1861年由威廉‧巴頓‧羅傑斯(William Barton Rogers)創立於波士頓，1865年招收第一批學生，校址於1916年從波士頓北遷劍橋市現址。在大蕭條時期(1929年～1933年)，曾有與臨校哈佛大學合併的提案，幸而因反對聲浪而保全。

在校園風格上麻省理工學院展現十足現代科技感，校園並沒有特定範圍，也沒有校門，校園中建築各具特色，欣賞建築物是漫步在麻省理工學院內有趣的享受。稍稍嚴肅的氣氛展現在對建築、教室的命名方式上，井然有序的數字系統讓師生易於溝通和連絡，麻省理工學院每一棟建築物都有一個編號，而4個數字便代表一個房間，例如「7-121」即代表第七號建築(Building 7)一樓121室(此例為MIT服務中心)。為因應冬季嚴寒雪況，麻省理工中央校區各大樓以長廊相連方便師生穿梭，長廊深遠，被暱稱為「無盡的長廊」(Infinity Corridor)，也妙喻莘莘學子們在麻省理工研讀的辛勤過程。

以理工科技為強項的麻省理工學院，有「世界理工大學之最」美名。雖然創校歷史遠短於哈佛大學，但現今聲望與哈佛大學旗鼓相當，並列世界第一第二學府，更以擁有78位諾貝爾獎得主為傲。麻省理工學院校區約168英畝，約有1千名教授、4千名大學生和6千名研究生，師生比例高，教學品質優良。

查爾斯河左岸為劍橋市，右岸則為波士頓。

學校聲望 & 傑出校友

美國知名物理學家，1965年諾貝爾物理學獎得主：理察·費曼(Richard P. Feynman)

華裔世界級建築師：貝聿銘

台灣積體電路製造公司董事長：張忠謀

　　麻省理工學院至2007年爲止，先後培育出78位諾貝爾獎得主，得獎領域囊括經濟、物理、生理、化學等。世界知名華裔建築師貝聿銘1940年獲得麻省理工學院建築學士學位，並有4棟建築作品坐落在麻省理工學院校園中。台灣積體電路製造公司董事長張忠謀分別於1952年和1953年獲麻省理工學院機械工程學士及碩士學位。

　　麻省理工學院於2001年創辦了開放式課程網頁(MIT OpenCourseWare; http://ocw.mit.edu/)，致力於高等知識普及化，透過網路，期許世界各個角落都能免費輕鬆獲得與麻省理工學院在學學生同步的知識。麻省理工學院開放式課程目前有1,800門課程上線，包括了麻省理工學院五個領域的33個不同學科的課程。其中繁體中文版由朱學恆率領的志工團隊建立(網址爲：http://www.myoops.org/twocw/mit/index.htm)。

如何到達麻省理工學院

從波士頓Logan International Airport前往麻省理工學院的3種方式有捷運、計程車、開車。

如何到達麻省理工學院

 方法1　捷運

麻州大眾捷運系統稱爲MBTA。走出機場即可看到波士頓大眾捷運(T)候車牌，搭乘銀線巴士(Silver line: SL1)到波士頓市區南站(South Station)，後轉乘紅線捷運到Kendall/MIT站下車。也可搭乘接駁車前往藍線捷運機場站(Airport)，後轉乘紅線捷運到Kendall/MIT站下車。
波士頓大眾捷運系統網站：www.mbta.com

 方法2　計程車

從機場到麻省理工學院車程約20分鐘，車資約$30 (車資外，要另給機場隧道過路費$3及車資15%的小費)。雖然波士頓和劍橋市的大眾捷運十分便利，但行李較多的人建議搭計程車抵達比較方便，可避免搭乘捷運時上下樓的辛勞。

計程車叫車專線：
- Boston Cab Dispatch Inc.：617-2622227
- Metro Cab：617-2428000
- Checker Taxi Co：617-5367500

 方法3　開車

從機場朝北走Terminal B，往 Terminal Access Rd.行1哩左右，上匝道朝RT-1A S走0.1哩，遵照I-93 N/State Hwy 1A S號誌指示，走RT-1A S1.9哩(此爲收費路段)，在State Hwy 3 N/Storrow Dr出口下交流道，走Embankment Rd/RT-28/RT-3/Storrow Dr可以接James J Storrow Memorial Dr/Storrow Dr，然後靠左上匝道，朝Harvard Bridge/RT-2A行430英呎，於Harvard Bridge/RT-2A處向右轉，繼續前行就會看到學校。

校內接駁車Tips

校內接駁車(MIT Tech Shuttle)：
週一～週五早上7:15～晚上7:15
web.mit.edu/facilities/transportation/shuttles/tech_shuttle.html

其他時段之安全乘載服務(Saferide)：
web.mit.edu/facilities/transportation/shuttles/safe_ride.html

搭車Tips

· 交通票
在波士頓搭乘大眾捷運除了可使用現金(需自備零錢)、查理票(Charlie Ticket，單次購買無優惠)或查理卡(儲值卡有優惠)之外，尚可依個人需求購買月票($59；無限次搭乘捷運及市內公車)、週票($15)或日票($9)，其中週票和日票除可無限次搭乘捷運及市內公車外，也適用於渡輪和特定區域(Zone 1A)內的通勤火車。各種票可於各捷運站售票處購買。
麻省理工學院學生可購買半價的交通票 (Subsidized T-pass)
申請網頁 commuting.mit.edu

beautiful views

麻省理工學院10大美景

Top 1

大圓頂(Building 10) MAP:D5

　　麻省理工學院沒有圍牆，也沒有大門，通常以最壯觀的建築物大圓頂Building 10 (Great Dome)為其門面代表，站在緊鄰查爾斯河畔的Killian Court草坪往Building 10望去，是一覽此著名地標的最佳角度。

　　麻省理工學院因應新英格蘭地區寒冷的氣候，以長廊相接各獨立的建築方便師生往返，遊走其間，猶如走不到盡頭，因得「無盡的長廊」（Infinite Corridor）之名，與學子們學海無涯的研究生活有著詼諧有趣的呼應。入Building 10內即可見聞名的「無盡的長廊」建築特色。其中150號房間為展覽館。

Info

📧 222 Memorial Drive, Cambridge
🕐 公共空間於學期期間對外開放

麻省理工學院大圓頂取經於古羅馬萬神殿(Pantheon)，圓廳加柱廊為其主要特色。

麻省理工學院校園平面圖

A B C D E

Bay and Maria Stata Center (Building 32)

Main St.

Vassar St.

(E15)

建築師貝聿銘作品巡禮

10 MIT 船塢 Wood Sailing Pavilion
(Building 51)

MIT段查爾斯河畔波士頓市區天際線

(66)

(54)

(18)

Corridor Lab 迴廊展覽館

大圓頂
(Building 10)

1

8

2

3

9

9

9

9

MIT Museum
麻省理工博物館

7

Massachusetts Ave.

(W15)

(W16)

建築師Eero Saarinen作品巡禮

5

5

(W79)

建築師Steven Holl作品巡禮

6

N

（攝影／楊俊仁）

Top 2

MIT段查爾斯河畔波士頓市區天際線 `MAP:D5`

麻省理工大學校園倚查爾斯河畔綿延1.4公里，坐擁查爾斯河最寬廣的河域，也是觀賞對岸波士頓市區天際線最棒的位置，四季景色各異，是學子慢跑、騎車、散步和旅人留影的好地方。每年10月倒數第2個週末舉辦的查爾斯河校際划船競賽（Head of the Charles Regatta），舉辦地點便於此往上游至哈佛段河域。

Ray and Maria Stata Center (Building 32) `MAP:C6`

Top 3

在麻省理工校園中規矩方正的建築群裡，不規則狀的Stata Center十分引人注目，是校園中受歡迎的新興地標，科技感中帶著俏皮的特色建築，是由建築師Frank Gehry於2004年完工的作品，現在供作研究室、實驗單位、演講廳等用途。1樓設有餐飲部，校外人士也歡迎入內消費。

Info

🕐 公共空間於學期期間對外開放
❓ 可於服務台索取建築地圖
✉ 32 Vassar St., Cambridge

 Top 4 MIT校園公共藝術巡禮

MIT 校園中有很多名師的公共藝術作品可以尋寶喔！如畢卡索(Pablo Picasso)的雕刻品「Figure Découpée」、Henry Moore 的青銅雕塑品和Sarah Sze攀爬在建築外牆上的「Blue Poles」藝術裝置等。可以依照校方提供的公共藝術地圖自行尋寶，或向MIT藝術中心(List Visual Arts Center)預約公共藝術導覽活動，也有腳踏車公共藝術巡禮活動(Art on Wheels)喔！

Killian Court草坪上Henry Moore的藝術作品
Three-Piece Reclining Figure, Draped, 1976。

台灣同學會在Walker Memorial (Building 50)大廳中Edwin H. Blashfield的壁畫前舉辦同歡活動。

Info

List Visual Arts Center
- MIT Building E15
- 617-253-4680
- listart.mit.edu
- MIT公共藝術地圖 listart.mit.edu/map
- 導覽預約專線 617-4523586

建築師Eero Saarinen 作品巡禮 MAP:D4

建築師Eero Saarinen為麻省理工學院設計禮拜堂Building W15 (Chapel)以及大禮堂Building W16 (Kresge Auditorium; 48 Massachusetts Ave)，禮拜堂的造型圓滾可愛，其上的小鐘塔則是由Theodore Roszak所設計；流線圓頂、由大片玻璃帷幕做外牆的大禮堂在陽光照射下氣勢非凡，也是麻省理工學院中搶眼的特別建築！

Top 5

（攝影／楊俊仁）

（攝影／楊俊仁）

Top **6**

建築師Steven Holl 作品巡禮 MAP:C2

建築師Steven Holl 的作品Building W79 (Simmons Hall；229 Vassar Street)由彩色方格幾何形狀所組成，有「海綿」(Sponge) 的可愛暱稱，白天陽光照射在5,500個彩色電鍍方窗上，夜晚則以照明反射出七彩方格，風格大膽趣味，自2002年完工後成為建築界中的經典。現為大學生宿舍，非住宿者不得進入，但可以申請約1個小時的導覽活動。

Info

導覽活動申請：
請寄信到simmons-tours@mit.edu

（攝影／楊俊仁）

麻省理工博物館 MIT Museum MAP:B4

麻省理工學院中有一個寓教於樂的小巧博物館，用親民且活潑的方式展出許多麻省理工學院多年來師生的研究成果和機械藝術品，例如最受歡迎的鎮館之寶Kismet，是由麻省理工學院所研發的史上第一個會社會互動的機器人，他具有偵測人臉表情的功能，並能夠依據情況展現適當的表情，目前已經退役，本尊就在麻省理工博物館中展出。

除機械藝術品之外，也展出許多如幻似真的3D立體全像圖(Hologram)，以及牆壁會「印出」牆邊人的瞬間剪影的螢光牆壁搭配強力閃光燈遊戲室(Stop-Motion Photography)。

Top **7**

Info

 Building N52 (MIT Museum) 265 Massachusetts Ave., Cambridge

☎ 617-2534444

http web.mit.edu/museum

➡ 紅線Central Square站(步行約10 分鐘)，沿Massachusetts Ave.往波士頓市區方向走(朝John Hancock大樓)，到Front St.時注意博物館在左手側。

🕐 早上10:00～下午5:00

休 無

$ 全票$7.5，長者或18歲以下學生$3。持有MIT證件或5歲以下免費。週日早上全面免費。

（攝影／楊俊仁）

beautiful views

Top 8

迴廊展館 Corridor Lab MAP:D5

位於MIT Building 4四樓The Edgerton Center的Corridor Lab迴廊展館，展示許多科學示範，寓教於樂，歡迎一般大眾參觀，也歡迎學生參展，是MIT準科學家們的小小展館。

Info

- web.mit.edu/Edgerton/www/CorridorLab.html
- Strobe Alley (the fourth floor of Building 4)
- 一般上課時間

Building E15，創造與推廣100美元筆記型電腦的尼葛洛龐帝以及世界聞名的麻省理工多媒體實驗室就是位於此建築物中。（攝影／楊俊仁）

Top 9

貝聿銘作品巡禮 MAP:D6

麻省理工學院擁有不少世界級名建築師的作品，華裔建築師貝聿銘(I.M. Pei)身為麻省理工學院的畢業校友，在校園中有4座建築作品，分別為Building E15 (Wiesner Building；20 Ames Street)、Building 54 (Green Building；21 Ames Street)、Building 18 (Dreyfus Building；21 Ames Street)、和Building 66 (Landau Building；25 Ames Street)。

麻省理工學院
Massachusetts Institute of Technologyis

Top 10

MIT 船塢 Wood Sailing Pavilion (Building 51) MAP:D6

帆船點點是查爾斯河河面上的固定景色，只要河水的溫度不低，總是有帆船在河面上隨風航行，看似輕鬆的風帆實則需要一段時間的訓練才能上手，喜好水上活動的學生不妨參加學校或波士頓市的帆船組織。除帆船外，查爾斯河時常可見愛斯基摩小船(Kayak)、獨木舟(Canoe)和競速獨木舟(Regatta)，其中愛斯基摩小船的難度最低且非常接近水面，是很棒的體驗查爾斯河的方式喔！

Info

- 134 Memorial Drive, Cambridge

fun and play

麻省理工學院周邊吃喝玩樂

在波士頓求學的遊子，幾乎沒有思念家鄉菜餚的困擾，除了因為波士頓擁有全美第三大的中國城，台灣小吃、涮涮鍋、港式燒臘、飲茶小點一應俱全之外，眾多移民和各國留學生的文化背景使然，讓波士頓街頭充斥著各國道地美食，例如北角小義大利區的義大利美食；在台灣較難見到的中東美食、衣索比亞餐廳、印度烤餅(Naam)配咖哩及西班牙小點(Tapas)等等，都能在波士頓享用道地的美味喔！

美食餐廳

1 MuLan Taiwanese Cuisine
木蘭台灣餐廳

- ✉ 228 Broadway, Cambridge
- ☎ 617-4418813
- ⏰ 平日早上11:00～晚上10:00

在徒步可達的地方，就可以找到這麼一家菜單上滿滿是台灣小吃、料理的木蘭台灣餐廳，滷肉飯、麻油雞應有盡有，台灣學生一桌一桌，來到這裡就像在台灣聚餐一般地開心自然！也有不少學生會外帶手工生水餃回去，唸書忙碌沒時間煮飯時方便食用。

2 Cuchi Cuchi 風味特色餐廳

- ✉ 795 Main St., Cambridge
- ☎ 617-8642929
- 🌐 www.cuchicuchi.cc
- ⏰ 週一～週六晚上5:30～凌晨12:30；週日休息

是離麻省理工學院很近的俄國、瓜地馬拉、摩洛哥風味特色餐廳，餐點的份量不大但極具創意，新鮮水果是在菜單上受歡迎的主角。迷幻的燈光搭配復古的裝潢，週四晚上有塔羅牌占卜。只提供晚餐。

3 S&S美式餐廳

- ✉ 1334 Cambridge St., Cambridge
- ☎ 617-3540777
- 🌐 www.sandsrestaurant.com
- ⏰ 週一～週三，早上7:00～晚上11:00；週四、五，早上7:00～晚上12:00；週六，8:00～晚上12:00；週日，早上8:00～晚上10:00

裝潢明亮新穎，實則歷史悠久，常見到不同桌的白髮長者在店裡偶遇、互打招呼呢！可見這間自1919年開始營業了將近90年的老店，在這些當地阿公阿婆心中的地位！S&S也很適合學生們的聚會，因此即使非假日的傍晚，偌大的門市仍能坐滿八成座位。

4 Kendall Square Food Court

在Kendall/MIT站出口處，位於MIT COOP右側有個小小的美食街，是麻省理工學院學生最便利的覓食地點，週一到週五營業，可以找到Pizza、墨西哥捲餅和烤肉飯等等，價格實惠用餐方便。要注意週末不營業喔！

麻省理工學院
Massachusetts Institute of Technologyis

5 The Middle East中東料理

✉ 472/480 Massachusetts Ave., Cambridge
☎ 617-9312000
🌐 www.mideastclub.com
🕐 每日下午1:00～晚上7:00

是一連四間不同門市的中東風味店，Mass Ave.側中間為ZuZu餐廳，屬於比較正式的餐廳環境；兩側Upstairs餐廳和The Conner餐廳則為較悠閒的用餐環境，其中The Conner餐廳不定時有肚皮舞、樂團等表演。除正式餐點，也提供三明治輕食類選項譬如蘭姆糕(Baba Ganooj)，並提供許多素食的選擇。彎進Brookline St.牆面有大片彩繪的則是Downstairs的入口，Downstairs晚上8點才營業，是中東酒吧。

6 Koreana韓國料理

✉ 154 Prospect St., Cambridge
☎ 617-5768661
🌐 www.koreanaboston.com
🕐 週日～週四，早上11:30～晚上10:30；週五、六，早上11:30～晚上12:00

是麻省理工學院附近備受推崇的精緻韓國料理，在酷寒的冬季，香辣的韓式食物能抵擋街頭的風雪，Koreana成為聚餐的好選擇。韓式重口味在此有稍作調整，怕辣的人仍能輕鬆享受。服務親切有禮，餐點好吃！

戲劇電影

A Kendall Square Cinema

✉ 1 Kendall Square, Cambridge
☎ 617-4991996

MIT校園旁的電影院，創立於1995年，擁有9個大型電影廳，播放商業及藝術電影，連續多年被各大雜誌評比為大波士頓地區最佳電影院。

咖啡／冰淇淋店

7 Christina's Homemade Ice Cream

✉ 1255 Cambridge St., Cambridge
☎ 617-4927021
🕐 週日～週四，早上11:30～晚上11:00；週五、六，11:30～晚上12:00

店家自製鮮美冰淇淋，口味出乎你想像的多達40餘種。冬天下雪的波士頓，來杯Christina's濃郁的熱巧克力，是很多波士頓人保暖的甜蜜方式。店家只收現金。

8 Toscanini's

✉ 899 Main St., Cambridge
☎ 617-4915877
🌐 www.tosci.com
🕐 週一～週五，早上8:00～晚上11:00；週六、日，早上10:00～晚上12:00

被《New York Times》雜誌介紹為世上最棒的冰淇淋！可以從櫥窗欣賞冰淇淋製作過程，眼睛和舌尖同時享受新鮮。咖啡也深受好評！

9 1369 Coffee House

✉ 1369 Cambridge St., Cambridge
☎ 617-5761369
🌐 www.1369coffeehouse.com
🕐 週一～週四，早上7:00～晚上10:00；週五，早上7:00～晚上11:00；週六，早上8:00～晚上11:00；週日，早上8:00～晚上10:00

獲獎無數的波士頓咖啡店(since 1993)，美食評比《Zagat》雜誌連續9年名列前茅(Top Picks)；獲選《Improper Bostonian》及《Samaritans Coffee Tasting》「波士頓最佳咖啡廳」。店名取自原始店的住址(1369 Cambridge Street)，原始店開幕隔年在交通更方便的Central Square開了分店。

紐約市

哥倫比亞大學

Columbia University in the City of New York

城市：紐約市(New York)
州：紐約州(New York State)
吉祥物：一隻叫Roar-ee淺藍色的獅子
代表色：淺藍和白色
學校官方網站：http://www.columbia.edu
台灣同學會(TWSA)網站：
http://www.columbiatsa.org

WASHINGTON
OREGON
IDAHO
MONTANA
NORTH DAKOTA
MINNESOTA
加拿大 Canada
MAINE
WYOMING
SOUTH DAKOTA
WISCONSIN
MICHIGAN
VT
N.H.
紐約州 NEW YORK
麻州 MASS.
哥倫比亞大學 Columbia University in the City of New York
NEVADA
UTAH
NEBRASKA
IOWA
賓州 PENNSYLVANIA
N.J.
CALIFORNIA
COLORADO
KANSAS
ILLINOIS
INDIANA
OHIO
WEST VIRGINIA
VIRGINIA
馬里蘭州 MARYLAND DEL.
ARIZONA
NEW MEXICO
OKLAHOMA
MISSOURI
KENTUCKY
TENNESSEE
北卡羅萊那州 NORTH CAROLINA
太平洋 Pacific Ocean
TEXAS
ARKANSAS
ALABAMA
MISSISSIPPI
喬治亞州 GEORGIA
SOUTH CAROLINA
大西洋 Atlantic Ocean
LOUISIANA
墨西哥 Mexico
佛羅里達州 FLORIDA

Columbia University In the City of New York,
New York State. United States of America (USA)

City of New York ... ty in the

in a schoolhou
Manhattan, Columbia University has grown
two principal campuses, the historic, neoclassica
Morningside Heights ... and the modern

科系：2007畢業於哥倫比亞大學戲劇所，戲劇結構MFA(藝術碩士)

精神分裂般同時生活在兩個城市。

總在窗外風停之後，才發現布魯克林區的雪，有仁愛路咖啡館的味道。

劉微明

紐約市 & 哥倫比亞大學

校園這種東西，在寸土寸金的曼哈頓，本來就是一種奢侈品。然而哥大趕在20世紀地價上漲之前搬到現址，可說占了不少便宜。

在晨光高地 (Morningside Heights)的校區中，除了有校舍外，配合學生生活機能的書店、咖啡館、餐廳、酒吧、超市、教堂、公園等等，應有盡有，自給自足，頗有大學城的感覺。雖然如此，位於紐約市內的哥大卻不可能如其他校園較為偏僻的長春藤學校般自成一格、不受外界影響，也因此校園中雖然少了一點純粹學術的氣息，卻比其他位在大學城中的學校多了來自都市的脈動與活力。

紐約市

學校簡介

哥倫比亞大學創校於1754年，是全美第六所大學。創校時名為國王學院(King's College)，創校地點位在曼哈頓島南端，近華爾街。1760年移入地點稍北的公園路(Park Place)。美國獨立戰爭時，哥大的校友(多為親英派人士)四散，依靠校友捐款支持的財務立刻陷入困境。因此學校停辦了8年之久，直到1784年才重新恢復招生，並改名為哥倫比亞學院(Columbia College)。指涉哥倫布的新名字帶有對獨立後新局面的憧憬，也連帶表明不再親英的立場。

到了1857年，哥大再次遷校到城中東側的麥迪遜大道和49街交界。此時的哥大除了醫學、人文方面持續發展之外，其他如法學院、應用科學院、教育學院和巴那德女子學院等相關機構也紛紛成形。1896 年哥倫比亞學院搬了第三次家，來到位在上西區與哈林區之間的現址，同時正式改名為哥倫比亞大學(Columbia University)。

校區最老的建築之一 Earl Hall 厄爾會館

哥大人才輩出，對後世有重大影響的成就包括發明調頻廣播、研發原子彈、創立人類學和政治學等學科，同時也是遺傳科技的起源地。人文方面，美國重要文學和媒體大獎普立茲獎一向由哥大負責頒發，二十世紀重要文學運動如哈林文藝復興運動、1960年代的避世運動 (Beat Movement)、後殖民主義等，皆以哥大為發源地。

哥大的一大特色就是響應時代思潮的學生運動眾多。最有名的是1968年的占校抗議事件，數百名學生為了提倡反戰，以及抗議學校政策對哈林區居民造成不安，占據多棟校舍達一週之久！事件最後雖還是以警力強行突破落幕，但從此後學生的意見在學校的決策過程中更加受到重視。此後，哥大學生在每年11月的第一個週二，即美國公定的選舉日之外又多了一天的假期，方便學生回家投票，作為另一種表達自我意見的方法。

改頭換面的哈林區

目前哥大共有四個校區，主校區是位於哈林區邊緣的晨光高地 (Morningside Heights)。另有更北邊位於華盛頓高地(Washington Heights)的醫學院，在曼哈頓島北緣的體育場和在哈德遜河右岸的地球科學觀測所。因為篇幅有限，本書只提到主校區。

哥大位於以往聲名狼藉的哈林區，台灣的遊客也許會因為大眾媒體對哈林區的刻板印象而對黃昏之後參觀哥大的行程有疑慮，但事實上，晨光高地可以算是全紐約治安最好的地方。除了校警24小時巡迴全區之外，若是在非寒暑假的時段參觀哥大，學生們的活動也是24小時不間斷。再說，紐約近年來努力掃蕩治安，尤其在哈林區西南緣這裡，成果相當不錯，大抵而言都算安全。

由大學路向南的校園雪景

學校聲望 & 傑出校友

美國前總統：
小羅斯福 (Theodore Roosevelt)

現任美國總統：
巴拉克・歐巴馬 (Barack Obama)

諾貝爾物理學獎得主：
密立根 (Robert A. Millikan)

日本知名歌手：宇多田光

其他著名校友包括前國務卿歐布萊特、古生物學家史蒂芬古爾德、美國音樂劇經典創作組合Rodgers & Hammerstein兩人皆由哥大畢業。詩人藍斯頓休斯、劇作家羅卡、東尼庫許那、《麥田捕手》作者沙靈傑等皆為校友。

哥大的強項領域為法、商及教育等，在US NEWS 的排名中，法學院全美排名第四；教育院排名第四；商學院第九。其他社會科學方面，各科皆有全美十大的排名。

Columbia University
New York City

鄰近紐約的3個機場分別是位於紐約皇后區的甘迺迪國際機場(JFK International Airport)、拉瓜地機場 (La Guardia Airport)以及位在紐澤西州的紐華克機場 (Newark International Airport)。

如何到達哥倫比亞大學

如何到達哥倫比亞大學呢？

 方法1 由甘迺迪國際機場到哥大

可搭乘機場接駁列車(Air Train)至霍華海灘站(Howard Beach)，轉乘藍色A線地鐵，便可一路坐到位於曼哈頓市中心的59th St., Columbus Circle站。在此站轉乘紅色線1號地鐵，往上城方向(uptown)，於116th St., Columbia University站下車，便可直達哥大校門口。

 方法2 由拉瓜地機場到哥大

最方便的路線便是M60號公車。由拉瓜地機場的公車站直達哥大校門口(116th St.)，只需約45分鐘，而且不用轉車。

 方法3 由紐華克機場到哥大

可由機場搭乘Air Train到紐華克機場火車站(Newark Liberty International Airport Train Station)，從火車站搭乘NJ Transit往曼哈頓方向的火車到達曼哈頓的Penn Station。NJ Transit有兩條線可以搭，一條是North Jersey Coast Line (NJCL)，另一條是 Northeast Corridor Line (NEC)。到了Penn Station之後，轉乘紅線1號地鐵，往上城方向(uptown)，於116th St.，Columbia University站下車可直達哥大校門口。

哥大的對外交通資訊：
哥大雖然離喧擾的紐約中下城有段距離，但交通十分方便。大眾交通工具以地鐵為主，公車為輔，條列如下：

 方法1 紅線1號地鐵

116th St.，Columbia University站直達校門口。紅線地鐵非常方便，10分鐘到林肯中心，20分鐘以內到時代廣場。

 方法2 公車

M104沿曼哈頓西北側百老匯而下，適合用來逛時尚光潔的上西區。M4路線經中央公園北側可通上東區。M60由哥大直通皇后區的La Guardia國內機場。

搭車Tips
・若使用地鐵日票、週票或月票2小時內可以免費轉乘公車。
・紐約的巴士大都行進緩慢、又容易塞車，建議非上下班高峰時期搭乘，可以有較多時間緩衝。

校區相關大眾運輸工具網站：
http www.mta.info

beautiful views

哥倫比亞大學10大景點

Top 1 大學路和日晷 College Walk and the Sundial `MAP:C3`

若讀者在紐約秋季多風的下午來到哥大的正門口，目光也許會先被門外車水馬龍的百老匯吸走；不過，一旦你隨著趕上課的人潮或是由哈德遜河吹過來的風、走上樹影搖曳的大學路，眼前景色立刻不同。這條短短的石板路連接116街在百老匯和阿姆斯特丹大道上的兩個校門，將哥大主校區工整的長方型校園一切為二，同時也連結了校外的都市活力和校園內洋溢的學術氣息。

座落於大學路中間的日晷則如校園的肚臍般，是一覽校園中心全景的好地點，由此向南可以見到坐鎮平緩地勢底端的巴特勒圖書館以及南草坪；向北望去是高高在上的洛氏圖書館，和地板花樣特殊的廣場。校園設計師McKim, Mead & White在十九世紀末規劃的希臘風完美對稱校園盡收眼底。

校門口的女神像，伴著陽光小歇的學生。

春天的大學路上，兩旁開滿豔麗的紅花。

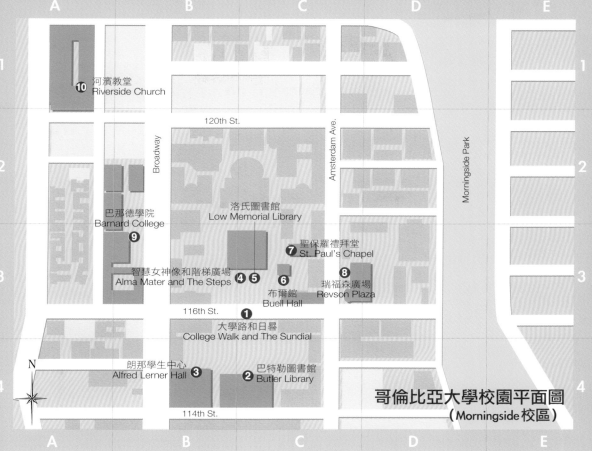

哥倫比亞大學校園平面圖
（Morningside 校區）

地圖標示：

- ⑩ 河濱教堂 Riverside Church
- 120th St.
- Broadway
- Amsterdam Ave.
- Morningside Park
- 洛氏圖書館 Low Memorial Library
- 巴那德學院 Barnard College ⑨
- ⑦ 聖保羅禮拜堂 St. Paul's Chapel
- 智慧女神像和階梯廣場 Alma Mater and The Steps ④ ⑤
- ⑥ ⑧ 瑞福森廣場 Revson Plaza
- 布爾館 Buell Hall
- 116th St. ①
- 大學路和日晷 College Walk and The Sundial
- 朗那學生中心 Alfred Lerner Hall ③
- ② 巴特勒圖書館 Butler Library
- 114th St.
- N

巴特勒圖書館 Butler Library　MAP:C4

　　這是主校區最大的圖書館。圖書館外最引人注意的特色，除了配合整個校園希臘羅馬古典時代的柱狀設計元素外，便是2樓以上一整排高度縱貫數層樓的大落地窗，除美觀之外，也能享用天然採光。館內藏書超過2百萬冊，文史哲和宗教方面的館藏占大部分。除一般刊物，館中的古希臘羅馬時代相關書籍質量更是全美數一數二。

　　為方便學生使用，圖書館大部分閱覽室24小時開放，而每到期末考時，學生們為了占位子無所不用其極，據說有學生直接在圖書館的密集書庫裡找來一張桌子，自備檯燈、熱水瓶等用品，整整2週的期末考期間便住在那裡唸書。

Info

圖書館基本上不對外開放，一般遊客需有學生身份或教職才能申請免費臨時閱覽證進入。詳細資訊可前往位於圖書館進門左側的辦公室詢問。

Fun

學校有個與期末考和圖書館有關的苦中作樂的傳統。每年期末考週開始當天的凌晨12點整，學校的管樂隊會以圖書館為起點，通過念書念最兇的宿舍區，一路奏樂讓考生放輕鬆。

Top 2

Top 3

朗那學生中心 Alfred Lerner Hall MAP:B4

哥大校本區最新完成的建築落成於1999年。自從哥大多年前搬到現址開始，每次學校要蓋新的校舍都會有來自各方的反對聲浪，尤其新大樓的風格與原來的文藝復興風不和的時候。學生中心的設計者是哥大建築系教授、建築解構主義大師Bernard Tschumi，設計的時候試圖結合校園環境、原有建築風格，和設計者本身理論背景，可惜這番妥協的結果還是風評不佳。尤其是建物北側的玻璃牆，由外向內可看到由1樓延伸至頂樓的斜坡步道，雖然美觀而具現代感，但所占空間過大，學生們也不如原本設想會在步道上進行聚會，實用性太低的結果就常常被批為錯誤的妥協。

雖然如此，對訪客而言，這裡仍然值得一遊。坐落在校地邊緣，現代化的設計與校外的紐約市正可以接軌。而位於1樓的學生餐廳有賣珍珠奶茶的攤位，味道還算道地，至少對在外地的台灣人來說，可以解個饞。大樓主要功能為提供學生活動的空間，因此一般遊客活動範圍限以大樓內大廳和餐廳為主。

Info

- 免費參觀。
- 週日至週三，早上7:00～凌晨1:00；週四至週六，早上7:00～凌晨3:00。

學生中心玻璃帷幕

智慧女神像和階梯廣場 Alma Mater and The Steps MAP:C3

只要是有歷史的大學，一定有廣為人知的校園傳說。哥大最著名的校園奇談是位於階梯上的Alma Mater雕像。雕像的主題是希臘神話中的智慧女神雅典娜，既然坐落在如此顯眼的地方，自然會被歷屆學生拿來穿鑿附會，而傳說的主角便是隱藏在女神袍子裡的貓頭鷹。在哥大還是男校的古老年代裡，據說每年第一個找到貓頭鷹的新生，一定會以第一名畢業；第一個找到貓頭鷹的巴那德學院新生則會嫁給哥大的第一名。現今流行的說法

則是，若唸了4年哥大還是找不到貓頭鷹，最後會因種種因素而不能畢業，可就非常不浪漫了。

不管有沒有找到貓頭鷹，你既然已經由大學路爬到了階梯上，不妨坐下來曬一下紐約捉摸不定的陽光，順便觀察四周把校園當海灘用的人潮。哥大每年學生總人數超過兩萬人，從清晨到半夜校園中總是人來人往，可說是校園中最有趣的流動風景。位於大學路之上、通洛氏圖書館的階梯，由於日照充足、視野又好，一直以來都是學生們休息、聚會、表演甚至求愛的熱門地點，當然也是「觀人潮」的最佳位置。

也許是為了給念書念到頭昏的同學一點娛樂，每到了期末考時期，哥大的莎士比亞學生劇團King's Crown Shakespeare Troupe會在階梯上舉行深夜戶外公演Midnight Shakespeare，利用四周環境演出莎劇劇碼。

Top 4

Top 5 洛氏圖書館 Low Memorial Library　MAP:C3

洛氏圖書館這個從一進校門就不斷引人分神的代表性建物，是淺色如大理石雕成的建築物，取材自希臘的帕德嫩神廟和羅馬的萬神殿，是哥大搬到新址之後整個校園設計的中心點。它擁有全美最大的花崗岩圓頂，又位於哥大校園地勢的高點，讓人無法忽視。圓頂下的大廳以大理石鋪成，原為圖書館的主閱覽室，設計宏偉。

在這裡要澄清的是，雖然名為圖書館，但自從1895年落成以來，它只當過約30年的圖書館，之後就因空間不足而改作他用。目前以校方行政中心和辦公室為主，另外大廳也用以舉辦重要活動。

Info

- $ 可免費參觀
- ◉ 早上9:00～下午5:00，每天下午1:00亦有免費校園導覽。
- ⓘ 位在213室，有興趣的訪客可以前往索取更多校園資訊。

哥倫比亞大學 Columbia University in the City of New York

Top 6 布爾館 Buell Hall　MAP:C3

這棟風格樸素的屋子，雖然不起眼卻大有來頭。在哥大搬到晨光高地之前，校區原本是布魯明頓精神病院(Bloomington Insane Asylum)所在地。哥大校方買下土地後將絕大部分建築物拆除，只留下精神病院管理人員的宿舍，便是今天看到的布爾館。雖然有如此令人不安的過去，倒是沒有聽說到什麼校園恐怖傳說，目前它安安穩穩當著哥大法語系的系館，別稱法語之家(Maison Française)。

值得注意的是，法語之家秉持推廣法國文化的目標，安排許多活動。尤其是不定時舉辦的學術演講，內容豐富，而且校外人士亦可參加。筆者就曾在法語之家的教室裡見識法國後現代主義大師尚·布希亞(Jean Baudrillard)的風采。

Info

演講活動資訊請見網站
http www.columbia.edu/cu/french/maison/events

beautiful views

從聖保羅禮拜堂外看彩繪玻璃

Top 7 聖保羅禮拜堂 MAP:C3
St. Paul's Chapel

聖保羅禮拜堂是校園中第一棟非原設計師設計的建物，於1907年完成。由於校園當初在設計時便預留了教堂的建地，再加上其以北義大利文藝復興風格爲主的設計與原設計師的仿希臘學術殿堂構想頗有共通之處，聖保羅禮拜堂成爲少數從計畫到完成，沒有受到太多批評的新校舍。教堂內外處處可見繁複花紋，精緻彩繪玻璃窗，也因其歷史和藝術價值而在1966年被紐約市政府標爲古蹟。

雖然哥大在成立之初以英國國教派爲校內主要信仰，但在目前多元文化社會趨勢下，禮拜堂提供場地給校內各種不同宗教團體進行活動。此外，教堂的圓頂帶來良好的共鳴效果，因此每個月都會安排免費的音樂會，從提琴獨奏到爵士Big Band，學生團體到著名表演者。若是拜訪校園的時機對了，不妨來聽一場音樂會，或許會有意外的驚喜。

Info

- **$** 一般遊客皆可免費參觀。
- **C** 週一到週五，上午10:00～下午5:00，另有假日禮拜儀式和音樂會等活動，不時在假日和晚間舉行。
- **http** www.columbia.edu/cu/earl/events.html

瑞福森廣場
Revson Plaza MAP:D4

由聖保羅禮拜堂向東走上一道階梯，會看到與教堂精緻風格、甚至與整個校本區都格格不入的景象。在一棟現代主義長方灰色大樓的前方，有一個高達4、5層樓，張牙舞爪的青銅雕像，這裡是哥大法學院的雕塑廣場，你眼前的大雕像名爲「貝雷風降伏飛馬」(Bellerophon Taming Pegasus)，是雕刻家Jacques Lipchitz 花了11年時間才定模完成的作品。而雕像的靈感來自希臘神話英雄故事，含有理性戰勝自然，法律從中而生的寓意。

除了這惡夢般引人注目的雕像，廣場四周還有3件風格各異的青銅雕塑和一件抽象風的不鏽鋼雕像，頗具可看性。廣場本身所在位置也十分特殊，架空橫跨在交通要道阿姆斯特丹大道之上，提供欣賞周圍建築和都市景物的另一角度。在天氣好的晚上，沿著路向北望去，可以看到不遠處哈林區若隱若現的燈光，以及晨光高地起伏的地形。

Top 8

據說如果推的人夠多的話，可以將此件「三面向」(Three Way Piece: Points)轉到不同的方向！

Top 9

巴那德學院 Barnard College MAP:B3

橫跨洛氏圖書館前的廣場，可由校園西側的小門回到百老匯上。馬路的另一邊有個自成一格的校園就是巴那德學院，鑄鐵的校門給人不同於哥大主校區莊嚴氣息的精巧印象。創立者是哥大前校長巴那德，巴那德學院自1889年創立以來就一直只收女性學生，目的是給女性完全平等，且不輸哥大本校的人文學術環境，這在當時可說是站在時代的尖端。

目前學院隸屬哥大體系之下，但有獨立的校區、課程安排和行政體系。雖然現在依然只收女學生，但哥大學生不論男女皆可選修其課程，反之亦然。巴那德的校園雖然位在都市當中，但承襲了美國東北岸私立女校校園傳統，校園內種滿植物，小徑蜿蜒，處處有桌椅長凳供人休息，跟哥大主校區比起來多了一股沉靜。春、秋兩季可說是最值得參觀校園的季節，尤其春天花開的時候各種色彩從校園圍牆滿溢到百老匯路上，十分動人。

巴那德學院的鑄鐵校門

Info

💲 一般遊客皆可免費進入校園參觀。

河濱教堂 Riverside Church MAP:A1

Top 10

穿過巴那德校園北側門，會看到與巴那德的小巧人文氣質成明顯對比的宏大建物。河濱教堂位於晨光高地北端，雖然非哥大附屬機構，但與哥大關係密切。教堂建於1927年以某法國13世紀修道院為參考，採花紋繁複且戲劇化的哥德風格，鐘樓高達24層，頂層有全世界最大的鐘。教堂正對著哈德遜河，在空氣乾淨時登上鐘樓，可遠望紐澤西和哈德遜河景色。教堂的內部隔間也同樣參照此一修道院有如迷宮的設計風格，訪客若是有興趣可請教堂安排導覽。

鐘樓的部分空間目前供哥大戲劇研究所排練及上課使用。更重要的是，哥大戲劇所每年導演的畢業劇作皆在教堂的劇場空間發表，每年從10月初到隔年4月底共約7齣戲，票價便宜且時有佳作，不想花大錢看百老匯的紐約訪客不妨前往觀賞。

Info

ℹ️ 每週日禮拜之後有1小時導覽，約12:15分起，不需預約。若想要其它時間前往可與教堂聯絡，5人以上的團體導覽，需兩週前預約。

🔗 河濱教堂：theriversidechurchny.org/about/?tours
哥大戲研所表演：www.columbiastages.com

哥倫比亞大學周邊玩樂吃喝

紐約市

美食餐廳

由於交通方便，哥大吃喝玩樂的腹地非常廣大，上有歷史悠久的哈林區，下有服飾店、餐廳林立的上西區，範圍之廣在此就不多提了。以下僅推薦校區附近好吃的餐廳(多在116th St. 以南的百老匯和阿姆斯特丹大道上)，供讀者參考。

1 Camille's 義式餐廳

☒ 1135 Amsterdam Ave. (116th St. 街口)
平價好吃的義大利式料理，分量大且氣氛佳，午餐的好地點。

2 Deluxe 美式餐廳

☒ 2896 Broadway Ave. (113th St.街口)
哥大學生最常出沒的地點，雖然一份漢堡餐加小費約十塊美金上下，不算便宜，但質量皆不錯。

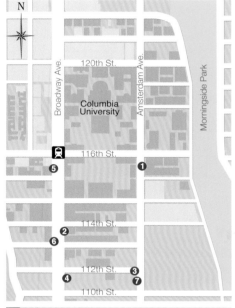

3 Columbia cottage哥大小館

☒ 1034 Amsterdam Ave.(110th和111th St.之間)
口味尚稱道地的中國餐館。午餐時間有折價簡餐，不過要吃好菜，最好還是多人前往點合菜較為划算。

4 Koronet Pizzaria

✉ 2848 Broadway Ave.

以供應超大Pizza聞名，外表不起眼的小Pizza店總是擠滿人群。在這裡，曲曲3元美金可以買到一片比你的臉還大的Pizza，是預算有限的旅客最經濟實惠的選擇。

5 Swish 亞洲料理

✉ 2953-55 Broadway Ave.

哥大正門對面的泛亞洲料理，老闆是台灣人，因此口味十分適合台灣遊客。

6 Le Monde 法式咖啡餐廳

✉ 2885 Broadway Ave. (112th St.街口)

裝潢、口味採法式咖啡餐廳風格，三明治、漢堡類輕食價位算是中等，而且氣氛好可以久坐。

7 Hungarian Pastry Shop

✉ 1030 Amsterdam Ave.

有學生的地方就有咖啡館！這個位在阿姆斯特丹大道上、哥大小館旁的不起眼小咖啡店，咖啡無限量供應再加上各式甜點的異國美味，是哥大一代代文人學者經典著作的助燃劑。

哥倫比亞大學
Columbia University in the City of New York

紐約大學
New York University

城市：紐約市曼哈頓區
州：紐約州 (New York State)
吉祥物：Bobcat，一隻身穿NYU紫色背心的北美山貓
代表色：紫蘿蘭色 (Violet)
校徽：火炬 (Torch)
學校官方網站：http://www.nyu.edu
台灣同學會網站：
http://www.nyu.edu/clubs/tsa/nyu_intro.html

New York University,
New York State. United States of America (USA)

N.Y.U.

孫偉家

科系：媒體、文化與傳播研究所2010

太雅《七年級的東京玩樂全攻略》、

《東京年輕人帶路 一週間鮮體驗》兩書作者

暫別熟悉的東京，在紐約展開全新的冒險人生。

紐約市 & 紐約大學

紐約市除了是美國政治、商業、媒體、娛樂、時尚與教育的重鎮外,更是全世界旅客們滿心嚮往的觀光勝地。在寸土寸金的曼哈頓,紐約大學沒有屬於自己的廣闊校園,不過在主要校區建築的正中心恰好是「華盛頓廣場」的所在地,於是這裡便成為同學們課後的最佳休憩地點。此外,校長更曾告訴大家,其實整個紐約市都是大家的校園,這個「校園」中有著繁華摩登的商業大樓、稀奇特殊的巷弄小舖、慵懶舒適的港灣河濱與知性藝術的劇院博館,紐約大學的學生就該在這樣的環境中多走、多看、多學習,藉此激發出無盡的靈感與想像,為這個多元的城市增添活力與創意!

紐約市

學校簡介

紐約大學 (New York University,簡稱NYU),由曾任美國財政部祕書的Albert Gallatin先生與一群熱愛教育的紐約學者們於1831年共同創立。在當時,其他大專院校中的學生,大多來自上層階級,為了改變這個傳統社會現象,創校者們以自由的精神建立了這所無論國籍、信仰與社會地位皆可就讀的高等學府。紐約大學以法商學系、社會科學與人文藝術著名,目前共設有14個學院,與6個分別位於曼哈頓及海外的學術中心,包括全美歷史最悠久的法學院、擁有完善醫學中心的醫學院、全國頂尖的商學院Stern、全校最大的人文教育學院Steinhardt、以劇場影視聞名的藝術學院Tisch,另外還設有可由學生自行設計獨立研究課程的Gallatin學院等等。

紐約大學的各大系館、教學大樓與住宿大樓主要集中在華盛頓廣場(Washington Square)與聯合廣場(Union Square)周邊,以紫色或白色的NYU火炬旗幟作為識別,另外在25街、32街與南街海港(South Street Seaport)附近亦有數棟建物分布,這些NYU建物的所在之處皆有地鐵可達,學校並設置了免費的接駁巴士提供學生乘坐,這些NYU巴士有著遊樂園專車般的紫色復古外型,除了是大家平日的通勤工具外,更時常吸引觀光客們駐足拍照。為了維護學生們在市區內的安全,校方於深夜時段還另外提供Safe Ride的免費警車接送服務。

NYU的精神象徵

由藝術家Ivan Chermayeff設計的火炬圖案是紐約大學的著名標誌,代表著追求卓越學術的精神,校方並收藏了一具由TIFFANY特別打造的純銀火炬,於畢業典禮時進行「薪火相傳」的遞送儀式。而高貴的紫蘿蘭色則為紐約大學的代表色,學校的運動代表隊也因為總穿著紫色的隊服而被暱稱為「小紫蘿蘭」。不過許多學生們反應這個綽號似乎缺少了「侵略性與競爭感」,於是在眾人提議下全新的吉祥物「北美山貓」(Bobcat)於1984年誕生,身手矯捷的山貓除了象徵著活躍的企圖心外,學校Bobst圖書館的線上書目系統(Bobst Catalog)也恰好被學生們簡稱為「BobCat」呢!

學校聲望 & 傑出校友

政壇領袖：馬英九、周美青、朱立倫、陳履安

企業巨頭：辜振甫、辜濂松

鑑識神探：李昌鈺

金獎導演：李安

紐約大學的學生人數超過50,000人，分別來自全世界120多個國家，為全美國大學中國際學生最多的一所學校，校方除格外重視外籍學生的權益外，更積極舉辦各種促進國際交流的活動，並開設免費的外語學習課程「Speaking Freely」，讓同學們有機會在這個「世界城市」中交換彼此不同的文化視野。

校友方面，紐約大學曾培育出十多位元首級人物，包括我國現任總統馬英九先生。而活躍於其他領域的校友更是為數眾多，例如鑑識專家李昌鈺博士、金像獎導演李安、舞蹈家羅曼菲、創意人蔣友常及演員關穎等等。

教學資源部分，校內目前共聘用超過3,000位教職人員，並定期邀請各界資深人士前來校園進行研討座談。由於紐約大學是一所標榜「私立非營利」的學校，故校方致力於將收益廣泛運用於各項學生活動上，包括了學期初的「Welcome Week」、學期最終日的「Midnight Breakfast」、告別夏天的「Labor Day Picnic 」與迎接初春「Strawberry Fest」等等，另外數百個學生社團亦不定期於校內舉辦各種展覽、音樂會、演唱會、電影欣賞會與旅遊活動。如此豐富的校

園生活與學術資源，讓NYU連續多年獲得一級國家大學評鑑與四顆星學術評價，近幾年更蟬聯美國學生心目中的第一理想名校。

如何到達紐約大學

紐約大學
New York University

由台灣前往紐約的班機大多降落於甘迺迪國際機場(JFK International Airport)，而長榮航空等班機則降落於紐澤西紐華克機場(Newark Airport)，記得於出發前確認降機地點。紐約大學主要校地皆位於曼哈頓的鬧區，搭乘地鐵(Subway)均可到達。

如何從機場到紐約大學？

方法1 搭乘機場接送專車或計程車

● 由甘迺迪機場搭接送專車至紐約大學附近約為$50，有些華人開設的車行價格較低大約為$40～45，需事先預約。未事先預約的朋友可在機場大門搭乘排班的黃色NYC計程車，價格亦在$50左右，請特別小心切勿跟隨不明人士前往搭乘號稱較便宜的私家車輛。

● 由紐華克機場前往則需約$55。

方法2 搭乘機場電車(Air Train)和地下鐵(Subway)

● 由甘迺迪機場可搭乘機場電車($5)至Jamaica Center站轉乘E線前往($2)。

● 由紐華克機場可搭乘機場電車($5.5)至Newark Liberty International Airport Train Station轉乘NJ TRANSIT($15)至Penn Station再轉乘紐約市Subway A C E線前往($2)。

搭車Tips

以下幾個車站接鄰近華盛頓廣場校區：
1. West 4 Station：
   A B C D E F V 線
2. 8 Street NYU：N R W 線
3. Astor Place：6號線

beautiful views

紐約大學10大美景

Top 1

巴伯斯特圖書館 Elmer Holmes Bobst Library `MAP:C4`

　　紐約大學所屬的校舍大樓多數是以捐贈者的名字命名，巴伯斯特圖書館矗立於華盛頓廣場的中心地帶，自1973年完工後即成為廣場周邊最引人注目的一棟建築物，設計師Philip Johnson與Richard Foster以線條工整的紅磚外牆讓整棟大樓呈現出俐落的現代感。至於圖書館的內部，則採用了完全中空的挑高設計，讓所有的藏書區與閱覽區一圈圈地整齊圍繞在館內四周。天氣好的時候，同學們總喜歡挑選靠近窗邊的自習座位，讓自己彷彿置身在華盛頓廣場的茂密林蔭中享受愉快的閱讀時光。

　　巴伯斯特圖書館是紐約大學最主要的圖書總館，擁有超過330萬冊的藏書，如果無法找到欲借閱的書籍時，館員還可以幫你進行跨館的借閱服務，將書籍從其他合作的圖書館快遞至此。另外圖書館內另設有電腦中心，除了提供一般電腦與手提電腦的借用服務外，還有專業的工作人員為你解答各項有關電腦的疑難雜症呢！

Info

遊客可於一樓入口處參觀，僅NYU學生可進入館內樓層。

	A	B	C	D	E

5th Ave.

University Place

Green St.

Broadway Ave.

Lafayette St.

W 8th St.

華盛頓馬廠街
Washington Mews Street
❾

席爾佛中心
Silver Center

火炬俱樂部
Torch Club

❸

❿

❻
哲學系館
Department of
Philosophy

Washington Square Park

Waverly Place

W 4th St

❹

❷

❶

❽

❺

史登商學院
Stern School of Business

梵得彼大樓與富曼大樓
Vanderbilt Hall & Furman Hall

W 3th St.

奇莫活動中心
Helen and Martin Kimmel Center
for University Life

創校者紀念碑
Founders Monument

巴伯斯特圖書館
Elmer Holmes Bobst Library

Bleecker St.

❼
畢卡索之希薇特半身像
Bust of Sylvette by Picasso

W Houston St.

N

紐約大學校園平面圖

紐約市

奇莫活動中心
Helen and Martin Kimmel Center
for University Life `MAP:B4`

　　邁入二十一世紀的同時，紐約大學的學生與教職員人數亦不斷增加。為了讓全校師生能擁有更優質的學習與休閒空間，奇莫活動中心於2002年誕生。這棟嶄新的活動大樓由名建築師Kevin Roche與John Dinkeloo規劃，12層樓的摩登設計為周圍的老街區注入全新的生命。由於奇莫活動中心正對著華盛頓廣場的拱門，建築師特地將最頂端的2個樓層以透明玻璃帷幕包覆，讓大家能在此處眺望廣場與遠方帝國大廈的全景。

　　中心內設有學生餐廳、通勤者休閒區(Commuter's Lounge)與數個多功能展演廳，除了提供全校超過250個社團活動聚會外，也不定時舉辦各類型演講、座談與大型博覽會，可以說是全校師生在課餘時間最愛前往的地點。

Info

Top 2

遊客可於一樓入口處參觀，僅NYU學生可進入館內樓層。

席爾佛中心Silver Center `MAP:C2`

　　紐約大學自創校以來曾歷經多次的校區搬遷，最後校方選擇在華盛頓廣場周邊落腳，並在Washington Square East和Waverly Place兩條街的轉角處成立第一棟校舍「大學樓」(University Building)，這棟樓房於1984年由建築師Alfred Zucker改建成為10層樓高並帶有古典巴洛克風格的「主教學大樓」(Main Building)，在大樓的頂端並刻上了紐約大學的校訓「Perstando et Praestando」意義為「追求卓越」(persevering and so eventually excelling)。為了紀念紐約大學的傑出校友Julius Silver，這棟大樓於2002 年更名並修整為席爾佛中心(Silver Center)，目前中心內部為藝術與科學學院的系館和教室所在。

Info

僅NYU學生可進入

Top 3

Top **4**

梵得彼大樓與富曼大樓 MAP:B4
Vanderbilt Hall & Furman Hall

Info

遊客可至庭園參觀，僅NYU學生可進入。

紐約大學 New York University

　　紐約大學擁有全美國歷史最悠久的法律學院，位於West 3rd Street和Washington Square South兩街之間的法律系館梵得彼大樓也相同地呈現出古色古香的風貌，落成於1951年的這棟教學大樓與系圖書館不但有著以紅磚砌成的拱門外牆，中間處還保留了一片幽靜的圓形中庭，呈現出和紐約大學其他方塊狀建築物不同的風貌。相隔一條街的富曼大樓則是於2004年完工的法律系新大樓，這棟建築物是紐約大學第一次與校區所在地的「格林威治村自治會」合作規劃完成，無論是大樓的樓高、台階高度或色系選擇等都將四周的街區文化列入考量，經過精確的計算，讓後方古老的建築物依然能享有不被遮蔽的湛藍晴空，並使這棟新大樓能夠非常自然地和格林威治村融爲一體。

Top **5**

史登商學院
Stern School of Business MAP:C4

　　1988年紐約大學的商學院和研究所正式更名爲史登商學院(Stern School of Business)以紀念該學院的捐贈者Leonard N. Stern，同爲紐約大學校友的史登先生除了贊助系所成立之外，並出資興建了全新的教學大樓。時至今日，史登商學院已躍身爲全美數一數二的頂尖商學院，位於West 4th Street上的這棟圓頂建築物也成爲了華盛頓廣場校區中的另一重要地標。

　　在建築物的1樓，學院近期內還打造了一區裝潢風格時尚的Student Lounge，讓平日課業壓力不小的商學院同學們能在課餘時間好好放鬆心情稍作歇息。另外，史登商學院前的廣場也是學校野餐、音樂會與園遊會等大型戶外活動的舉辦地點。

Info

僅NYU學生可進入

紐約市

Top6

哲學系館 MAP:D3
Department of Philosophy

　　當歷史悠久的古老房舍遇上風格前衛的室內設計師，兩者將碰撞出怎麼樣的火花？在紐約大學的哲學系館中，我們就可以看到這樣的一個絕妙組合。這棟建於1890年的哲學系大樓，在外觀上和紐約下城一般的中古建築並沒有太大的差異，然而在國際級建築大師Steven Holl的改造之下，整棟樓房的內裝完全煥然一新：Holl以代表著純淨思維的白色系孔狀牆面包覆1至6樓的樓梯間，透過日光和室內燈光的交錯變換，呈現出令人讚嘆的視覺震撼；而樓梯本身更由低至高不斷地變換方向與垂直交疊，象徵著哲學家最重視的人際互動。這項媲美國際精品旗艦店的室內設計在2008年榮獲了三項AIA紐約建築大獎(AIA NY Awards)，成為了紐約大學的另一項驕傲。

Info

僅NYU學生可進入，但可由外牆落地玻璃觀覽內部建築。

Top8

創校者紀念碑 MAP:C4
Founders Monument

　　在巴伯斯特圖書館和史登商學院間的阿諾瑪利廣場(Arnold and Marie Schwartz Plaza)中心，豎立著一座高聳的紀念碑——創校者紀念碑，這座石碑除了用來懷念令人尊敬的創校者之外，更具有重要的歷史意義。原來這座石碑上半部的尖塔是來自紐約大學華盛頓廣場校區最早的建築物「大學樓」(University Building)的哥德式屋頂，當大學樓拆除改建之時，這個小部分被保留了下來，用以紀念這棟元老級建築物的同時，也讓現代的學生們能從中感受那段過往的創校時光。

Top7

畢卡索之希薇特半身像 MAP:C6
Bust of Sylvette by Picasso

　　紐約大學距離以藝術著稱的蘇活區(SOHO)不遠，因此在校園裡頭當然也要有些能增添藝術氣息的作品，其中最廣為人知的是位於Bleecker Street教職員住宅席爾佛大樓(Silver Towers)草坪上的巨型雕刻「希薇特半身像」。希薇特半身像原本是畢卡索於1934年完成的一件小型金雕刻作品，細膩地雕繪了希薇特正面與側面的頭部表情與肩頸線條。席爾佛大樓的建築師I.M. Pei為了替大樓間的廣場增色，特地請來挪威籍的雕刻師Carl Nesjär於1968年和畢卡索共同完成了這件高達36英呎的放大版作品，這項鉅作自1972年揭幕至今一直是遊客們前來紐約大學時的必訪景點。

華盛頓馬廄街 MAP:B3
Washington Mews Street

位於第五大道和University Place之間的華盛頓馬廄街是紐約大學周邊很有特色的一條「私人小徑」，因為以前兩側均為附近居民的馬廄所在，故命名為「馬廄街」，土地權亦為馬廄主人所有，到了近代那些兩層樓高的馬廄被改裝成為具有傳統風味的民宅，其間以石頭砌成的路面也刻意保留了原始的樣貌，形成了在繁華紐約大都會中少有的淳樸景象。而後紐約大學購買了其中幾棟建築物，在此設立了法國之家(La Maison Française)、愛爾蘭之家(Ireland House)與德國之家(Deutsches Haus)等等，負責推廣各國文化、語言和規劃交換學生計畫等，這條私人街道現在於白天亦開放給民眾參觀，各位不妨前來體驗這條洋溢著傳統與異國風情的特色巷弄。

Top **9**

紐約大學
New York University

Top **10**

火炬俱樂部 Torch Club MAP:D3

　　紐約大學除了擁有各具特色的教學大樓、住宿大樓與學生餐廳外，在華盛頓廣場的校區內竟然還開設了一家專為全校師生們打造的高級餐廳俱樂部。這間以紐約大學代表物「火炬」為名的Torch Club成立於1999年，裡頭以整面的大理石壁爐、皮質長沙發與復古的鐘擺呈現出華麗而典雅的氛圍，在四周的牆面上還陳列了一幅幅紐約大學的歷史照片，讓來到這裡的客人在用餐之餘也能同時感受紐約大學的時代變遷。

　　占地3個樓層的火炬俱樂部包括了主餐廳、宴會廳與酒吧區等等，除了提供師生租用舉辦餐會宴席外，每週一至週五的中午時段(11:30～14:30)亦對所有校內與校外人士開放，推出精緻美味卻價格平易近人的自助式午餐(每位$11.95)，每季的菜單由主廚Kermit Sullivan負責設計，餐點內容包括了法式、義式、墨西哥式、中式、泰式與加勒比海風味的前菜、主菜與甜點等等。來到紐約大學參觀時，一定別忘了前來這邊享用絕佳的氣氛與美食。

Info

✉ 18 Waverly Place
☎ 212-9986724
🕐 午餐時段開放一般民眾用餐，特殊活動舉辦時除外。

fun and play

紐約大學周邊逛街地圖

紐約大學地處熱鬧的曼哈頓市中心，在校園四周徒步可達的範圍內，吃喝玩樂的好去處可說是一應俱全。就逛街購物而言，位於校區附近的蘇活區、聯合廣場與南街漁港是同學們下課後最愛結伴前往的三個區域，至於美食方面，遍布著平價特色餐廳的東村(East Village)則成為了大家聚會用餐的首選。

蘇活區SOHO

紐約市遠近馳名的藝術時尚區域蘇活(SOHO)，因位於豪士頓街以南而得名(South of Houston Street)，這裡在十九世紀時仍然是工廠和倉庫密集的地區，而後隨著藝術家工作室和時尚品牌專賣店的陸續成立，搖身一變成為紐約最具代表性的時髦街區。

聯合廣場 UNION SQUARE

紐約大學有數棟教學大樓與住宿大樓位於聯合廣場周邊，這一帶除了有數家平價服飾品牌專賣店、大型Outlet百貨Filene's Basement、維京唱片行與電影院外，還開設了2家學生日常生活當中不可缺少的大型超市。位於廣場正對面的Whole Food以有機蔬果與健康食材著名，一樓的熱食區每到傍晚的用餐時段總是大排長龍，另一家位於紐約大學Palladium宿舍樓下的超市Trader Joe's則是以在曼哈頓難得一見的超低價格成為學生們的最愛。

南街海港 SOUTH STREET SEA PORT

海港周邊的氣氛輕鬆悠閒，和人潮洶湧的市中心大不相同，夏天的時候可以和三五好友閒坐在露天咖啡廳，冬天的時候大家則特別喜歡前去海港特別設置的溜冰場，體驗在港邊滑冰的特殊感受，只要來到這裡，大家都會感到課業的壓力彷彿瞬間消失，難怪許多人都說南街海港是NYU學生的「充電站」呢！

紐約大學周邊美食地圖

紐約大學
New York University

1 KENKA大眾居酒屋

✉ 25 St. Marks Pl., New York, NY 10003
☎ 212-2546363
💲 每人$10～15

東村(East Village)最受歡迎的2間日本餐廳為相距不遠的「大將」與「大眾」。這兩家居酒屋所販售的餐點均為日式家常料理包括拉麵、大阪燒、烤肉串與炸物等等，不過大眾的價格比大將更為便宜且店內的風格更具特色。大眾的裝潢以昭和時代復古風為主題，

店內布置了自日本搜羅而來的復古海報、擺設與彈珠台等等，餐後店家還會準備一小杯糖粉讓你在店門口自行製作彩色棉花糖。

2 SAINT'S ALP TEAHOUSE 仙跡岩

✉ 39 3rd Ave., New York, NY10003
☎ 212-5981890
💲 每人$3～8

來自台灣的留學生們最想念的家鄉美味非珍珠奶茶莫屬，在東村附近第三大道上的仙跡岩就是一個能讓大家一解鄉愁的好地方。這家餐廳茶館雖然是由香港人所開設，不過裡頭販賣的餐點可卻都是正宗的台灣口味，包括了各式的珍珠奶茶、滷肉飯、雞絲飯與炒米粉等等。由於店內常有大群說著中文的學生們聚集，來到這裡用餐時往往讓人有著置身台灣泡沫紅茶店的錯覺呢！

3 CAFETASIA

✉ 38 E. 8th St., New York, NY 10003
☎ 212-5292363
💲 每人$8～15

CAFETASIA是一家結合泰式、中式、越式與新馬料理的亞洲無國籍料理餐廳，整間店的內牆以原木色系為基調，搭配上懸空的長串蠟燭燈飾，呈

現出彷彿Lounge Bar的低調奢華氣氛。這裡的餐點不但價格親民，還貼心地替顧客們區分為Samll至Xlarge的Size，小Size的前菜類大約$4～5，大Size的河粉、麵類、肉類與海鮮則為$8～13元左右。

4 Ukrainian East Village Restaurant

✉ 140 Second Ave., New York, NY 10003
☎ 212-6143283
💲 每人$10～15

在東村的烏克蘭小社區可以見到烏克蘭教堂、烏克蘭學校、文化中心與商業組織等等還有這家洋溢著溫馨家庭氣氛的烏克蘭家常料理。烏克蘭的餐點和

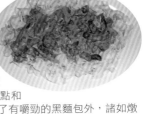

俄羅斯有些類似，除了有嚼勁的黑麵包外，諸如燉牛肉、蔬菜捲、特製馬鈴薯泥和烏克蘭起司餃子等等都是極具特色的異國風味料理，喜歡嘗鮮朋友一定不能錯過。

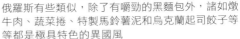

5 RED BAMBOO 素食餐廳

✉ 140 W 4th St., New York, NY 10014
☎ 212-2601212 💲 每人$10～15

打開RED BAMBOO的菜單你會發現炸蝦、蝴蝶豬排、加哩雞肉飯、鮭魚鐵板燒等美式、日式與中式料理一應俱全，料理上桌時色香味十足的菜餚令人食指大動，仔細品嘗之後這才發現這些餐點竟然全部都是「素食」！原來RED BAMBOO是一家標榜全素食的健康餐廳，店家以特殊的食材製作成各種素肉和素海鮮，不僅外型神似就連口感彷彿也有些相像呢！

費城

賓州大學
University of Pennsylvania

城市：費城(Philadelphia)
州：賓州(Pennsylvania State)
吉祥物：Quaker 桂格會是基督教的一支[註1]
代表色：紅色與藍色
學校官方網站：http://www.upenn.edu
台灣同學會網站：
http://www.upenntsa.org

University of Pennsylvania,
Pennsylvania State. United States of America (USA)

科系：華頓商學院管理系訪問學人

喜好閱讀，認為生活是最好的閱讀，

在賓州大學豐富的人文風情與自然景觀的薰陶下，收穫滿滿，

若有機會重遊美國，費城的賓州大學仍是首選。

周慧君

rsity of Pennsylvania University of Pennsylvania

註1：Quaker，桂格會是基督教的一支，原文意為朋友會（The Religious Society of Friends）。由於賓州者建立William Penn也是信仰者，他們獨有的精神與生活方式，成為一種令人嚮往的典範，因此賓州大學將其視為精神指標，同時也是該校吉祥物。

費城 & 賓州大學

由於交通便利、景緻優美，賓州大學一直是許多遊客與學生到費城的必遊之地。在夏日微風徐來的午後，躺在佗大的草地上或看書、或閒談，都有一番情趣在其中。賓州大學的生活環境與人文氣氛絕對可以讓到這裡遊學、留學的人覺得不虛此行，不僅可感受到歷史遺留的傳統，在學術研究上也不斷在求新求變。賓州大學雖然屬長春藤盟校，學費、生活費水準都偏高，但因費城排名全美第五大城的關係，享受一流的學術養成之時，同時也能夠因為地利之便沈醉在各種文化藝術的薰陶下，選擇賓州大學，絕對會是人生「可以帶走的饗宴」！

費城

學校簡介

賓州大學是美國第一所大學，從殖民地時代到美國大革命，甚至到獨立建國，賓州大學的發展與命運，一直與其所在地──費城和美國歷史息息相關，不僅見證了一個國家的誕生，同時也成為高等教育的搖籃。

賓州大學的前身是一所成立於1740年，原本打算作為教育貧窮兒童的慈善學校，然而因為經費籌措不善，始終沒有運作成功。不久，美國開國元老班哲明‧富蘭克林(Benjamin Franklin)及

其成立的董事會買下了這塊土地與建築物，並且改名為費城學院(Academy of Philadelphia)，他認為美國青年應該多學習如何從事商業或公共事務，有別於當時各殖民時代的其他學校──哈佛(Harvard)、威廉與瑪莉(William and Mary)、耶魯(Yale)、普林斯頓(Princeton)等學校強調宗教學習的傳統，這種強調實用的教育方向，日後便一直主導著賓州大學的發展。

這所學校隨後演變成為學院(College)，而在美國大革命紛擾之際，賓州政府在1779年將這所學校轉型並且改名為賓州大學(University of the State of Pennsylvania)，成為美國第一所大學，同時也是第一所州立大學。至於現在的校名University of Pennsylvania，則是在美國大革命熱潮逐漸遠離之後，賓州州政府立法將該所學校改名，並且成為私立學校開始，才採用並且沿用至今的校名。

賓州大學一開始並不是位於今日的所在地，其校址遷移的過程，見證了費城市發展的軌跡。最早的校址是在今天的亞區街(Arch St.)與4th St.交界處，1802年往西遷移到今天9th St.介於栗樹街(Chestnut St.)與胡桃樹街(Walnut St.)之間。直到1870年購買了如今的校址，這是跨越了斯庫基爾河(Schuylkill River)往西發展的區域，大約距離市中心的市政廳(City Hall)約有15條街之多。

學校聲望 & 傑出校友

美國第九屆總統：
哈里森(William Henry Harrison)

美國房地產大亨：
唐納川普(Donald Trump)

投資家：
華倫巴菲特(Warren Buffet)

自1923年來，共有15位諾貝爾獎得主出自賓州大學。出自賓州大學的名人不勝枚舉，除了第九屆總統哈里森(William Henry Harrison)出身賓州大學之外，房地產大亨唐納川普(Donald Trump)、投資家華倫巴菲特(Warren Buffet)、思科電腦共同成立者波薩克(Len Bosack)、語言學家兼政治評論家喬姆斯基(Noam Chomsky)等人，哈佛大學首位女校長佛斯特(Catharine Drew Gilpin Faust)也都是賓州大學校友。

賓州大學 No.1

除了是第一所大學之外，賓州大學還有許多全美第一的表現：
- 1765年 創設了第一所醫學院
- 1874年 建立第一所教學醫院
- 1877年 錄取第一位女性學生
- 1879年 錄取第一位黑人學生
- 1881年 設立華頓商學院(The Wharton School)成為全世界第一所商學院
- 1896年 建立了第一個美國學生會(American Student Union)並且以休士頓館(Houston Hall)為根據地
- 1946年 電子工程學院設計出了世界上第一台全電子數學計算機(Electronic Numerical Integrator and Computer, ENIAC)開啟了資訊時代
- 1994年 聘用長春藤學校裡第一位女性校長茱蒂・羅丹(Judy Rodin)

如何到達賓州大學

從台灣出發抵達賓州大學有3種方式，以國內班機而言，長榮班機與其他美國航空公司聯營而抵達費城國際機場，而華航班機則是到紐約機場，自2007年起，長榮也開始提供直達紐約的新航班。

如何到達賓州大學？

方法1 從費城國際機場到賓州大學

- 地鐵：可從費城機場搭乘地鐵直達學校，但前提是最好不要有太多件行李，地鐵上下搬運是相當辛苦。
- Lady Liberty：筆者比較讀者使用機場提供的Lady Liberty服務，類似台灣常見的包車小巴士服務，大約$10就可以到達學校。若司機有幫忙提行李，要記得給小費喔。
- 計程車：大約$20，半小時以內就會到達學校。

方法2 從紐約甘乃迪(JFK)國際機場到賓州大學

搭乘華航班機者，華航有提供接駁車到費城中國城，之後再自行搭乘計程車到學校，只是由於到達費城時間多半是半夜1、2點，因此也有人會在紐約過一夜，第二天再搭車到到費城，這就看個人的經費跟時間而定了。

方法3 從紐約紐華克(EWR)國際機場到賓州大學

自2007年起，長榮也提供台北直飛紐約的班機，同時也提供接駁車到費城中國城，是項新選擇，但該選擇在長榮航空公司網站上並無資料，必須以電話方式事先預約，購買該航班的旅客，不要錯過這個好用的服務。

beautiful views

賓州大學10大美景

Top **1**

凡‧派爾特圖書館
Van Pelt Library MAP:C2

賓州大學共有15個圖書館，分布於整個校園內，這間凡‧派爾特圖書館主要收藏社會與人文學科的書籍，而4樓的李平考特圖書館(Lippincott Library of the Wharton School)則收藏屬於華頓商學院的藏書。值得一提的是，該圖書館內參考室的圖書館員都非常資深，他們年紀較長而且對知識有一定的認識，因此不僅只是可以詢問書籍在哪裡這種圖書問題，甚至可以跟他們討論你的研究主題，他們多半都能提出很有建設性的提議，已經成為這個圖書館的一大資產。

有趣的是，正面對圖書館門口有一個雕塑品，一般稱為「破裂的鈕釦」(Split Bottom)，這是著名的雕塑家Claes Oldenberg在1981年雕塑的作品。學生之間流傳的典故是說因為這個雕塑品的對面，正是富蘭克林的雕像，而富蘭克林很胖，有一次穿衣服的時候，鈕釦破裂掉下來，就剛好掉到Locust Walk步道上面。但據作者本人的講法，他說這個破裂指的是斯庫基爾河，而這個裂痕將鈕釦分成4部分，而這也是當年賓州建立者威廉賓(William Penn)原來構想的賓州廣場。

「破裂的鈕釦」(Split Bottom)引起兩極化的反應，喜歡的人認為這是現代藝術的代表，不喜歡的人則說跟整個環境完全不搭調。無論如何，這個雕塑品今天已經成為學生與遊客必留影的地點，可以說是賓州大學的一大地標。

圖書館的對面有一個雕刻「LOVE」，因費城乃希臘文中「brotherly love」之義，因此此一雕刻為重要城市地標，也成為遊客留影的據點。

Info

◎ 圖書館外整天開放；圖書館內需有賓州大學證件始得進入。

$ 免費

賓州大學校園平面圖

A B C D E

- 大學書店 Bookstore **10**
- 杭斯曼館 Jon M. Huntsman Hall **2**
- 凡·派爾特圖書館 Van Pelt Library **1**
- 費雪藝術圖書館 Fisher Fine Arts Library **4**
- 洛克斯步道 Locust Walk **7**
- 學院館 College Hall **3**
- 富蘭克林運動場 Franklin Field **5**
- 派若曼四方院 Perelman Quadrangle **8**
- 四方院 The Quadrangle **9**
- 考古人類學博物館 The University Museum of Archaeology and Anthropology **6**

N

杭斯曼館 Jon M. Huntsman Hall `MAP:B2`

Top **2**

　　成立於1881年的華頓商學院是全世界第一所商學院，於2006年才剛慶祝成立125週年紀念，這棟現代學術中心大樓耗資1億4千萬美金、占地32萬7千平方英呎，於1992年8月落成啓用。對於管理學教育而言，這棟大樓幾乎擁有全世界最先進的設備，其中除了有華頓學院大學部、研究所之外，還有行銷系、法律研究系、統計系以及作業與資訊管理學系，而且24小時開放。裡面的設備除了全部電腦化之外，還有許多團體討論室(Group Study Room)，方便於商學院強調的團體討論學習方式，只要是華頓的學生，都可以隨時上網登記，十分方便。圓形的設計，讓各樓層的採光甚佳，是華頓商學院學生的精神堡壘。

Info

- 白天開放、夜間需證件刷卡進入
- 免費

beautiful views

Top 3

學院館College Hall MAP:C2

學院館啓用於1873年，是賓州大學現址第一棟完成的建築物，它曾經是整個大學運作的核心，現在則包含了董事長室、校長室、大學部註冊處以及教室等行政單位使用的空間。這棟建築物的綠色外觀是其特色，之所以產生綠色，是因爲它採用了綠色蛇紋石之故，這裡的最高樓層是成立於1813年、美國最老的學生組織「好學會」(Philomathean Society)的所在地。這棟哥德式會館也是費城市內維多利亞建築物的代表之一。

費城

Info

ⓒ 白天開放、夜間需證件刷卡進入
$ 免費

Top 4

費雪藝術圖書館 Fisher Fine Arts Library MAP:C2

費雪藝術圖書館曾經是原本的大學圖書館，但當主要大學藏書轉至新完成的凡・派爾特圖書館，並且由藝術研究所接管之後，這裡才改名爲費雪藝術圖書館。這座由Frank Furness設計並且完成於1891年的建築物，是現代藝術的一大突破，並且也是圖書館設計演進的重要一步，因爲設計師在圖書館內建立了第一個擁有天窗的專用閱讀室。館內有一個亞瑟羅斯展覽館(Arthur Ross Gallery)展出有關整個賓州大學變遷的歷史文物。若讀者對這間圖書館覺得有點演熟，那是因爲它曾出現在湯姆漢克主演的電影《費城》裡面。

Info

ⓒ 圖書館外整天開放、圖書館內需有賓州大學證件才可進入
$ 免費

Top 5

富蘭克林運動場 Franklin Field `MAP:D2`

富蘭克林運動場是全美國最早擁有雙層座位的體育場，總共約可容納52,000名觀眾，每年4月這裡都會舉行田徑賽，此時，全國各校的田徑好手都會在此齊聚一堂，這項活動已經持續超過100年了。此外，這裡曾是美國著名的Army-Nary足球賽的場地，也曾是費城老鷹隊的主場地，而1940年首度電視轉播足球賽也在此運動場。

Info

◎ 需有賓州大學證件始可進入
⑤ 免費

Top 6

考古人類學博物館 The University Museum of Archaeology and Anthropology `MAP:C3`

考古人類學博物館通常簡稱為「大學博物館」(University Museum)，建造於1887年，是美國第一個大學博物館，同時也是世界上主要的考古人類學博物館，由賓州大學建築學院的年輕教授們設計的，具有中世紀與中東色彩的建築物，矗立在路旁，十分引人注目。

裡面的收藏主要是以古文明為主，特別是埃及、美索不達米亞、非洲、東亞與南美等地的文物。值得一提的是，裡面收藏的中國文物也十分豐富。

Info

◎ 週二～週六，早上10:00～下午4:30；週日，下午1:00～5:00，週一休館。
⑤ 成人$8，兒童、學生及銀髮者$5，持有賓州大學證件者免費。

費城

Top 7 洛克斯步道 Locust Walk MAP:B2

洛克斯步道是貫穿賓州大學主要建築物的步道，由於建造之初董事會要求每一棟建築物都需要有自己不同的特色，因此，今日可以看到每棟建築物都呈現不同時代的建築氛圍。此步道從34街開始一直綿延到40街，由於步道兩旁種植了許多樹木，因此頗有綠色隧道的悠閒感受。每年5月，這裡更是畢業生繞行校園的主要道路，還會有傳統蘇格蘭風琴樂隊做前導，好不熱鬧；而平日由於學生出入眾多，因此也成為各社團在此發放傳單，廣告活動的最佳場所。

洛克斯步道上最有名的是長椅上的雕像，那是富蘭克林坐在椅子上看著《費城新聞》(Philiadelphia Gazette)的雕像，遊客只要到此處，多半會坐在身旁留影。

Top 8 派若曼四方院 Perelman Quadrangle MAP:C2

此處是學生活動的中心，四周圍起來的建築物包括了學院館、休士頓館、龍根館(Logan Hall)以及爾凡禮堂(Irvine Auditorium)。這是學生會組織首度成立的地點，相當具有歷史意義，而目前已經新建成為具有先進設施的空間，而中庭裡面擺放的桌椅，更是學生們最愛用餐談天的地點，這裡也可以當成半露天的劇院，這裡正是整個校園的中心，也是各種資訊匯集的地點。

Info

◎ 廣場全天開放

Top **9**

四方院 The Quadrangle `MAP:B2`

位於史普魯士(Spruce)街上的四方院，像一座童話故事裡的城堡。圍繞整個四方院周圍的樓館當中，最早的一棟建立於1890年，到了今天，這裡已經成為38棟相互連接的建築物，並且包含了5個內庭以及3棟學生宿舍。整區建築物的建造手法是模仿牛津劍橋大學的學院風格，沿著建築區域旁的街道上，是住商混合的區域，這也類似中世紀城鎮的特色。

Info
需有賓州大學證件始得進入

賓州大學
University of Pennsylvania

大學書店 Bookstore `MAP:B1`

位於校園中心的書店是平日買書、閱讀的中心，裡面有沙發閱讀區，也有桌椅閱讀區，2樓還有Starbucks餐飲區，買杯飲料在這裡消磨一整天不是問題。這家書店是由Barnes & Noble經營的，因此如果是會員的話，還有打折的優惠。2樓有教科書區，也有二手教科書的買賣，非常方便。

Top **10**

1樓還有電腦設備專賣店，在美國購買電腦設備不會比台灣貴，因此到這裡來購買電腦用品，也是一個不錯的選擇。這裡也是唯一授權販賣賓州大學紀念品的地方，如果想要買一些上面印有University of Pennsylvania的衣服或紀念品，這裡是很好的選擇。

Info
○ 平日，早上8:30～晚上10:30；
　週六，早上10:00～晚上10:30；
　週日，早上11:00～晚上8:00

賓州大學週邊玩樂吃喝

賓州大學位在費城，算是一個很容易生活的地方，凡所需要的生活機能，幾乎都可以徒步抵達，可說是走路就可以到達的距離之內。以下介紹一些美食餐廳以及購買日常生活必需品的超市。

美食餐廳

1 新陶芳Empress Garden台灣料理

✉ 108 N, 10th St., Philadelphia, PA 19107 (搭地下鐵或巴士，再15分鐘左右即可到達中國城)
☎ 215-5920739
老闆對自己的手工牛肉麵很有信心。

2 醉仙樓港式飲茶

✉ 1026-28 Race St., Philadelphia, PA 19107
☎ 215-5927726～8
各式港式飲茶小點，是異鄉學子打牙祭一解鄉愁的好去處。

3 大學城(Beijing)中式點餐餐廳

✉ 3714 Spruce St., Philadelphia, PA19104
☎ 215-2225242
相當道地的菜色，許多餐點都很符合顧客的口味，生意很好，中午都要排隊。

4 Korean Restaurant 韓國餐廳

✉ 3801 Chestnut St., Philadelphia, PA19104
☎ 215-2222240
以編號讓客人點菜，免去語言不通的障礙，烤牛肉飯是人氣餐點。各種餐點均為$6.5，不需要服務費，且有座位可坐，算是經濟實惠。

5 Han Wool 韓國餐廳

✉ 3608 Chestnut St., Philadelphia, PA 19104
☎ 215-3826221
石鍋拌飯、海鮮煎餅都很值得推薦。距離學生宿舍在1分鐘範圍內，但價格稍高一些，約在$10。

6 Cosi 美式餐館

✉ 140 S 36th St., Philadelphia, PA 19104
☎ 215-2224545
美式三明治、沙拉、咖啡等餐飲。這家店的三明治餅皮鹹鹹的很好吃，搭配任何內餡都很棒。

7 White Dog 有機飲食

✉ 3420 Sansom St., Philadelphia, PA 19104
☎ 215-3869224
選自種植於當地的蔬果與肉類，西式餐點很吸引人。均為有機食物，因此價格較為昂貴，餐點約在$20。

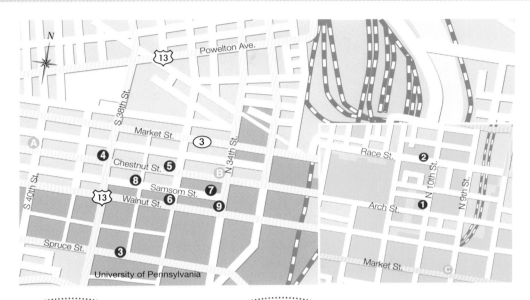

University of Pennsylvania

各式餐車

大多數亞洲學生均經常性地到各餐車購買便當飯盒，這些餐車分布在Samson St.以及Spruce St.上，餐點都便宜又好吃，同學都會推薦麻婆豆腐飯。最著名的中式料理有兩家：

8 Kim's Oriental Food
✉ 約在Samsom St.與37th St.交會口

9 Yue Kee
✉ 約在34th St.上，Walnut St.與Chestnut St.交會口

各種超市

A Fresh Grocer 生鮮超市
✉ 40th St.與Chestnut St.交會口

以生活必需品而言，大家最常採買日常用品的生鮮超市就是Fresh Grocer，多數學生都會趁假期一次採買足夠的生鮮食品與日常用品，因此常常看到許多人大包小包地拎著戰利品回家。

B CVS Pharmacy
✉ 34th St.與Chestnut St.交會口

規模沒有 Fresh Grocer 那麼大，但辦卡(免費)可以享受到較便宜的優惠。有點類似台灣的屈臣士或康是美的那種藥妝店，因為不僅有化妝品也有藥品，還有藥師可以諮詢。

C Big-K-Mart
✉ 9th & Market St., Philadelphia, PA 19107

位在中國城的超市。雖然這些超市看起來比較沒那麼清潔，但販賣的東西比較是在台灣看得到的，或許可以增加一些熟悉感。

匹茲堡市

卡內基美隆大學

Carnegie Mellon University

城市：匹茲堡市(Pittsburgh)
州：賓州(Pennsylvania State)
吉祥物：蘇格蘭梗(Scottish Terrier)
代表色：樞機紅(Cardinal Red)
學校官方網站：http://www.cmu.edu/index.shtml
台灣同學會網站：
http://www.cmutaiwan.org/

Carnegie Mellon University
Pennsylvania State. United States of America (USA)

C.M.U.

陳孟竹

科系：2007年畢業於人機互動研究所 (Human-Computer Interaction Institute)

曾幾何時回台灣變成一種旅行，在匹茲堡機場領到行李後，反而有種回家的安定。

在這生活的八年光影，每年暑假眼見人來人往，體驗了無數的酸甜苦辣與悲歡離合。

發生在自己與周遭同學身上的故事，在這座城市的各個角落留下了無法抹滅的記憶與腳印。

感謝每一位曾經有所交集的人，豐富了我生命中非常重要的一段。

匹茲堡市 & 卡內基美隆大學

　　卡內基美隆大學位於賓州(Pennsylvania)西邊的匹茲堡市(Pittsburgh)，與比鄰的匹茲堡大學，一同位於市區東邊的奧克蘭(Oakland)。由於兩河匯流於此，加上丘陵地形，匹茲堡市有著比義大利威尼斯數量還要多的橋樑，被稱作是「The City of Bridges」。市中心內有許多特殊的歷史建築，顯示出這城市過去的熱鬧繁華。

　　提到有「世界鋼都」之稱的匹茲堡市，最讓人津津樂道的應該是有史以來贏得最多次超級杯美式足球賽(Super Bowl)冠軍的鋼人隊(Steelers)。匹茲堡市的發展跟鋼鐵業息息相關，連足球隊的名稱都跟鋼鐵脫離不了關係，卡內基美隆大學則是由鋼鐵鉅子安得魯卡內基所創立，提供了當地煉鋼工人子弟就學的機會。昔日的匹茲堡市曾被籠罩在工業污染的污穢空氣下，連大白天路上都需要開燈才能行走。在鋼鐵業式微後，重心逐漸轉移至科技、教育、醫學等。如今的匹茲堡市已有了一番不同於以往的新面貌，犯罪率相對於其它大城市低，房價相對穩定，被列為全美十大最適合人居住的城市之一。

匹茲堡市

學校簡介

　　創辦人鋼鐵大王安德魯卡內基(Andrew Carnegie)，是美國著名的企業家，他所擁有的卡內基鋼鐵公司(Carnegie Steel Company)在八〇年代晚期，已經是當時世界上最大、最賺錢的企業。1898年美西戰爭末期，美國政府花了2千萬美元從西班牙手中買下菲律賓時，卡內基還打算提供同等的金額讓菲律賓獨立。在全盛時期，卡內基僅次於洛克斐勒(John D. Rockefeller)成為世界上第二富有的人。

　　1900年，這位鋼鐵大王創立了卡內基職業學校(Carnegie Technical Schools)，著眼於提供煉鋼工人等勞工階層的子女就學機會。1901年時，66歲的卡內基已經在規劃退休生活，他把卡內基鋼鐵賣給J.P.摩根(John Pierpont Morgan)。這筆交易為卡內基帶來4億8千萬美元的財富(約等於2007年的1千2百億美金)，在他眾多的公益活動當中，最令人矚目的要算是在全世界各地捐獻設立了超過三千座公立圖書館。1912年卡內基職業學校改名為卡內基理工學院(Carnegie Institute of Technology)，1917年授與美國首創的戲劇學士學位，並於1919年授與第一個博士學位給被稱作「中國橋樑之父」的茅以升。1967年，卡內基理工學院合併美隆研究院(Mellon Institute of Industrial Research)成為卡內基美隆大學，從此晉身為世界級的高等教育與研究機構。

　　今日的卡內基美隆大學，不僅僅是在美國本土占有一席之地，並且以發展成一個國際性大學為願景。除了人數眾多的外國學者與國際學生外，也策略性地往匹茲堡以外的城市和國家發展；分校校區除了加州舊金山灣區外，也已在卡達、澳洲、希臘、新加坡、葡萄牙與日本等國，成立分校和課程並授與學位，以促進學術研究與學生交流為目標。

　　相對於其他優秀的美國大學學府，卡內基美隆較少為國人所知。但內行人都知道，卡內基美隆大學是一所在電腦領域，和麻省裡工學院並列全美第一的卓越私立大學。最近造成全球廣泛影響的「最後的演講」(The Last Lecture)作者蘭迪‧鮑許(Randy Pausch)教授生前便是在此校的人機互動研究所任教。

學校聲望 & 傑出校友

諾貝爾經濟學獎、美國的著名數學家：
約翰納許(John Nash)

普普藝術(Pop Art)教父：
安迪沃荷(Andy Warhol)

奧斯卡影后：荷莉杭特(Holly Hunter)

奧斯卡電影音樂作曲家：
亨利曼西尼(Henry Mancini)

中國Google總裁：李開復博士

　　卡內基大學創校超過一百年，由於規模較小，因此畢業人數至今僅約7萬人。校友人數雖少但表現優秀，在政界、學界、商界、科學、電腦與演藝事業皆有知名的傑出人才。

　　約翰納許(John Nash)是美國的知名數學家，也許是天妒英才，納許30歲起就開始跟精神分裂症纏鬥，然而他的賽局理論(Game Theory)卻讓他於1994年獲得諾貝爾經濟學獎。奧斯卡最佳影片《美麗境界》(A Beautiful Mind)就是以他的故事為背景。

　　安迪沃荷(Andy Warhol)是普普藝術(Pop Art)最重要的開創者，前衛的作風與實驗性質的創作在當時引起相當大的爭議，著名的作品包括了手繪康寶濃湯罐與瑪麗蓮夢露畫像等。沃荷曾說過「在未來、每個人都有機會成名15分鐘」這句名言，被公認為二十世紀最具有影響力的當代藝術家。

新長春藤聯盟之一

　　卡內基美隆大學在2006年被《Newsweek》評選為新長春藤聯盟之一，它的資訊、工程、商學、藝術、心理與公共政策等科系在各項評比中名列前矛，《Times Higher Education Supplement》整體排名全美第12名。其中最著名的是1965年成立的電腦科系(Computer Science)，在《US News and World Report》雜誌的研究所排名，已連續多年將該系評選為全美第一。創系人Allen Newel、Alan J. Perlis與諾貝爾獎得主Herbert Simon三人皆曾獲得素有「電腦界諾貝爾獎」之稱的圖靈獎(Turing Award)，此外電腦科系的發展史可說是電腦資訊科學演進的縮影。

　　1985年更進一步成立首座資訊學院，院下細分的許多科系都是首創，例如人機互動研究所(Human-Computer Interaction Institute)、機器人研究所(Robotic Institute)和娛樂科技中心(Entertainment Technology Center)等，在各自領域都是首屈一指。其中，機器人研究所師生參加的著名美國先進研究計畫局(DARPA)舉辦的無人車競賽，於2005年莫哈維沙漠200公里競賽中獲得第二與第三名(第一名史丹福車隊的負責教授也是自機器人研究所挖角過去的)，2007年參加改成市區96公里競賽，得到第一名，並且獲得200萬美元的獎金。該院所成立了近30年以來，建造了無數的機器人、登南極、上戰場，最驕傲的紀錄莫過於到三哩島和車諾比核能電廠擔任危險性極高的救難任務。

　　本校師生在科學領域的傑出成就包括15座諾貝爾獎，10座圖靈獎。除了工程與科學有傑出表現之外，在好萊塢、百老匯與音樂界，卡內基美隆大學也都有相當大的貢獻與影響力。藝術領域上的卓越表現包含9座艾美獎(Emmy Award)、4座金像獎(Academy Award)、6座東尼獎(Tony Award)，以及為數眾多的葛萊美獎(Grammy Award)。由於本校非常重視科學與藝術之間的平衡，並且能夠將創新科技在人文上發揮地淋漓盡致，因此有「在現代的世界重現達文西效應」之雅稱。

卡內基美隆的傳統

1 每天會長胖的油漆圍籬

校內最重要的一個傳統的發生地，要算是位於藝術學院前方草坪左側的圍籬(The Fence)了，這個號稱世界上被重複上漆最多次的物體。在早期瑪格莉特女子學院還沒被併入卡內基理工學院時，這裡曾經有一座跨越小山谷並連接兩校的橋，當時的曠男怨女都相約在此碰面。爾後由於山谷被填平，學生於1923年在此設立木製柵欄作為會面的地標，不過學校覺得卻因覺得有礙觀瞻而打算拆除。幸好，在學校還來不及拆除前，有學生社團在半夜在圍籬繪上油漆，以宣傳即將舉辦的派對。由於廣告效果和派對都非常成功，這個舉動之後，成了各社團爭相模仿的對象，學校決定不予拆除。

漸漸地，一個不成文的傳統就這麼形成，這圍籬只能在午夜之後到天亮之前上漆，只能用手和刷子，不能使用其他工具。如果使用噴槍，則會被判破壞校園公物。任何團體想要粉刷該圍籬必須要派兩個代表進駐圍籬周圍，只要有兩人在場的狀況，沒有其他人可以取得上漆的權利。因為這個理由，常常可以看到兄弟會的同學在圍籬兩側露營長期抗戰，直到半夜三更才起來粉刷。由於圍籬位於校園最熱鬧的行人徒步區，寫在上面的訊息，自然曝光率非常高，常常過了一個晚上之後，就發現上面的宣傳訊息完全全被改掉。因為長年累月堆積上去的油漆一層蓋過一層，在1993年，原先的木製圍籬因無法負荷本身的重量而倒塌。後來按照最後的大小、厚度與形狀，重新建立起一個鋼筋混泥土的圍籬。迄今，該圍籬的厚度仍然持續地增加中。

鼎鼎大名的資訊學院所在系館Wean Hall

Hunt圖書館前著名的圍籬，每年都有學生承襲傳統，準備夜半時分重新粉刷圍籬。照片中可以看到已經架起的帳棚準備長期抗戰。

2 春季園遊會的推車大賽和無人小車大賽

推車大賽 (Buggy Race)

Buggy Race是一種接力賽車，由5位壯漢推動由另外一位趴在車內架駛操作的小型四輪車。四輪車通常有著流線型的外觀，但是體積非常小，所以僅能容下身材嬌小的同學，通常都由亞洲女學生出任。賽車經過學校後方的Schenley Park，開始推上坡之後，由駕駛操控方向讓車子自由滑行，之後再由其餘選手接力推上終點，車子最快時可以達到時速64公里。這項比賽從1920年起就開始舉辦，目前的比賽都會有電視電台實況轉播。

無人小車大賽 (Mobot Race)

Mobot Race (Mobile Robot)則是縮小版的無人車大賽，從1994年開始舉辦，今年已經是第14屆。比賽在資訊學院系館前面的斜坡走道上的白色路線軌道舉行，無人車除了要能夠自己走完全程，還要穿越若干開賽前才決定的閘門。在跑到終點前，如何通過地上交錯的白線，並且判斷方向跑完全程，是非常困難的挑戰。無人車必須要能夠全自動駕駛，不能由人來遙控。比賽分成大學部組跟專業組，讓學生從大學就開始練習開發無人駕駛車，這也難怪機器人研究所的學生程度會如此優異。

如
何
到
達
卡
內
基
美
隆
大
學

照片左側為Center for Innovation and Collaboration(CIC)，裡面有Apple、Intel以及Google等大公司在此設立實驗室。

由匹茲堡國際機場(Pittsburghers Airport)到卡內基美隆大學，距離大約22英哩左右，距離匹茲堡市中心也不遠，交通相當方便。市內交通以公車為主，因為停車位難找，所以開車為輔。

如何到達卡內基美隆大學

方法 1　公車

從匹茲堡國際機場搭市區公車28X號路線，在最後一站下車，車程約50分鐘，單程票價$2.60。本校師生憑證件可免費搭乘市公車，University Center內有詳細班車路線與時刻表可索取，長時間遊客可考慮購買公車通行證。

方法 2　開車

出機場走PA-60S往匹茲堡方向，約10公里後併成US-20/30E，繼續往匹茲堡方向併成I-279，一直走到Fort Pitt tunnel，出隧道即是可看到美麗的市景。出隧道過橋就要轉到I-376E往Monroeville方向，此時市區大樓會在你的左手邊。走3公里左右從2A出口往Oakland方向接Forbes Avenue，很快就可以看到匹茲堡大學的Cathedral of Learning聳立在正前方。沿著Forbes Avenue繼續往東走，經過位於右手邊的卡內基博物館後，很快就會進入校區。

照片上半部為卡內基美隆大學小巧精緻的主校區，下半部為卡內基博物館主體建築，包含位於右側的自然歷史博物館及音樂廳以及左側的現代美術館。

C.M.U.

beautiful views

卡內基美隆大學校園美景

Top 1

藝術學院
College of Fine Arts `MAP:D3`

這是全美第一所綜合性藝術教育機構，學院主體是由在匹茲堡建築發展舉足輕重的美國著名建築師Henry Hornbostel設計的布雜藝術(Beaux Arts)風格建築。壯麗宏偉的外觀再加上細緻精美的裝飾，可說是美國文藝復興時期之代表，麥克道格拉斯(Michael Douglas)主演的電影《天才接班人》(Wonder Boys)就曾在此取景。

在這棟全校最具氣質的建築裡，近百年來已孕育出許多對美國文化造成深刻影響的美術家、建築師、設計師、音樂家和舞台表演藝術家。音樂系學生每每在例行性的演出後，於大廳中提供茶點招待。巨幅壁畫天花板下餘音繞樑，於雕塑陪伴下享受美酒佳餚，不禁令人好奇，在場酒酣耳熱的年輕音樂家與仍在館內某角落埋頭苦幹的年輕畫家之中，有多少人50年後會在藝術扉頁裡留名。

Info

ⓒ 一般遊客皆可入內參觀，不需要門票，晚上則有門禁管制，需要刷學生證進入。

卡內基美隆大學校園平面圖

杭特圖書館 Hunt Library `MAP:D3`

由美國鋁業巨擘Alcoa創辦人Alfred E. Hunt之子Roy A. Hunt捐助設立。應贊助家族要求，建築本體建材絕大部分採用鋁金屬，有著特殊外型，爲校園內4座圖書館中規模最大者。圖書館5樓有著世界上數量最豐富的私人收藏植物學文獻(Hunt Institute for Botanical Documentation)。1樓的Maggie Murph Café是提供許多同學品嘗咖啡與書香的地方，也是莎拉潔西卡派克(Sarah Jessica Parker) 的電影《Smart People》場景之一。

卡內基大學學生課業繁重，由週日傍晚一位難求的圖書館座位與館後的停車位便可得知。期末考前一個禮拜，館內24小時開放，處處可見徹夜苦讀的學生，不知一個晚上之間消耗掉的咖啡豆，轉化成多少智慧與知識的結晶。

Info

○ 一般遊客皆可入內參觀，不需要門票，晚上則有門禁管制，需要刷學生證進入。

Top 2

匹茲堡市

Top 3

貝克館 Baker Hall MAP:C3

跟藝術學院一樣是Hornbostel的作品，也同樣都是指定古蹟。建築內部非常有特色的石造斜坡走廊似乎在告訴我們，卡內基在當初興建的時候已經預留了萬一學校辦不成，教室可改建成工廠生產線的後路。除了斜坡的設計是爲了方便搬運笨重的機械儀器，Hornbostel同時也巧妙地將藝術性融合在這棟建築的設計裡。許多細部的裝飾都是由他本人設計，雖然只是採用一些如黏土的普通建材，卻鬼斧神工地達到了非凡的壯觀效果。

進入東側大門後，在左手邊是一座由赤土陶磚交錯堆砌而成的旋轉樓梯，這是一種被稱作「古斯塔維諾瓦」(Guastavino tile)的磚拱結構，另人讚嘆的是，它沒有用任何鋼結構支撐，僅僅透過磚塊排列，卻能達到支撐與裝飾的功能。緊緻厚實的磚牆加上拱頂美麗的曲線，撼動人心之餘又多了幾許柔軟，像這樣

強烈對比的質感似乎也反應在取景於此的電影《天蛾人》(The Mothman Prophecies)中李察吉爾(Richard Gere)所飾演的記者角色裡。

貝克館是人文社會學院的所在地，即使已經過了一個世紀，每天早上9點，陽光仍然透過窗戶，灑映在趕著準時進教室的學生身上，可預見的是，而來一百年貝克館的旋轉樓梯仍將繼續支撐著滿載人文知識快速移動的腳印繼續前進。

Info

- 🕐 一般遊客皆可入內參觀，不需要門票，晚上則有門禁管制，需要刷學生證進入。

漢姆舒格拉館 Hamerschlag Hall MAP:C3

Top 4

原名爲Machinery Hall，於1965年被改名以紀念第一任校長。此建築出現在學生證與許多照片上，堪稱校園內最具象徵意義的建築，同時也是電機系跟機械系系館所在。按照卡內基的想法，建築師Hornbostel將此設計成全校的領航船，帶領著全校師生在浩瀚知識海中探索。值得一提的是，羅斯福總統成立的白色艦隊其中的賓夕法尼亞號裝甲巡洋艦 (USS Pennsylvania)的船首裝飾物，在1914年被放置於此，直到九○年代初期才被換上青銅複製品，而眞品則收藏於卡內基科學博物館。

建築物外東北角跟Wean Hall之間空地曾是電影《異魔》(Monkey Shines)的拍攝場景。這裡最早曾是燒煤提供火力發電給全校的所在地，所有的大一新生皆需在此鏟煤提供勞動服務，做爲畢業前的必修活動。狀似艦橋的64呎高塔並非裝飾品，其原先的功能是作爲發電廠的煙囪，更有「最美麗的煙囪」之稱。而當初污穢不堪的煤炭室，如今卻變成全校最乾淨、生產IC晶片的無塵室。

Info

- 🕐 一般遊客皆可入內參觀，不需要門票，晚上則有門禁管制，需要刷學生證進入。
- 📖 該建築內部格局複雜，小心迷路。

Top
5

美隆研究院 MAP:A2
Mellon Institute

Info

此處原爲美隆研究院(Mellon Institute for Industrial Research)的所在地，研究院是由美隆兄弟(Andrew W. Mellon與Richard B. Mellon)於1913年成立，當初設立的目的在於接受業界委託，並透過科學研究來解決實務上的問題，也由於這樣的歷史背景，更使得卡內基大學的學術研究更加地貼近社會所需。研究院於1967年被併入卡內基理工學院(Carnegie Institute of Technology)成爲卡內基美隆大學的一部分，目前爲美隆理學院與匹茲堡超級電腦中心的所在處，建築物本體座落在鄰近匹茲堡大學的第五大道上。

　　家族兄弟中的哥哥安得魯美隆，來頭不小，曾歷任三屆美國總統的財政部長，他希望該建築必須要是一棟可以兼顧美感與實用性的宏偉紀念館。這棟新古典主義風格的傑作，是建築師Benno Janssen依據雅典衛城的巴特農神殿(Parthenon)設計，整個建築的巨大量體是由62根愛奧尼柱式(Ionic Order)巨大石灰岩石柱所組成。單一石柱直徑6英呎，高36英呎，重約62公噸，爲世界上最大單一石柱。內部4樓有座8根巨大大理石柱支撐的大廳，建築內部大量採用鋁金屬與遠從義大利等地運來的14種大理石所裝潢。宏偉氣派的建築，曾經出現在許多的電影與電視裡面。

卡內基美隆大學週邊玩樂吃喝

匹茲堡市

美食餐廳

同學解決溫飽問題，通常的選擇是University Center內的學生餐廳，或是South Craig Street上的平價餐廳。另外在校園東邊，足球場旁的Margaret Morrison Str.上停著一排的快餐車，則提供了許多價位便宜的選擇。學校往西走是匹茲堡大學所在的Oakland區，此區有各式各樣的餐廳可供選擇，在此介紹學校附近幾家可以讓同學偶爾打打牙祭的餐廳。

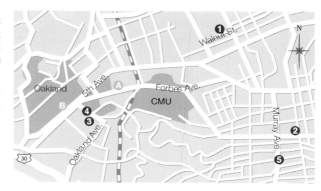

1 Pamela's 美式早餐

✉ 5527 Walnut St., Pittsburgh, PA 15232
☎ 412-6831003
💲 $10～15，請注意該店只收現金。

匹茲堡市著名的早餐店，連續多年票選冠軍。共有5家分店，全天供應各式早餐，位於Shadyside的總店生意最好，週末假日店外往往大排長龍。招牌鬆餅份量很足，各式煎蛋也非常可口。餐廳2樓為祕魯餐廳，同時販售一些手工藝品，用餐之餘也可以參觀看看。

2 Rose Tea Cafe 台式料理

✉ 5874 Forbes Ave., Pittsburgh, PA 15217
☎ 412-4212238
💲 $10～15

老闆一家四姊妹來自台灣，是匹茲堡唯一的台菜餐廳，各式菜色相當道地。學生大都點套餐配珍珠奶茶(約$10)，點合菜則看數量，價錢或許較高。品質有一定水準，隨便點大約都不錯，最鍾愛三杯雞、無錫排骨，炸雞腿飯都很好吃。

3 Uncle Sam's Classic Subs 潛艇堡

✉ 210 Oakland Ave., Pittsburgh, PA 15213
☎ 412-6811885
💲 $10

位於Fuel & Fuddle隔壁，同樣的老闆經營。Uncle Sam的各式現做三明治非常好吃，薯條非常新鮮，其他連鎖的類似餐廳根本無法比。價錢公道，份量很足，一份可以當作兩餐吃。

4 Fuel & Fuddlle 美式啤酒屋

✉ 212 Oakland Ave., Pittsburgh, PA 15213
☎ 412-6823473
💲 $10～25
🌐 www.fuelandfuddle.com

據說有超過一百種的啤酒，老闆之一曾是芭芭拉史翠珊的私人廚師。以自有品牌的啤酒跟火烤食物著名，隨便點都很好吃。各式菜色皆取了有趣的名字，有一道加了馬鈴薯泥的火烤Pizza被稱作The Smashed Potato，巧妙的運用的Smash跟Mesh的發音，不知道是不是真的是廚師在後面把這些馬鈴薯很暴力的捶成泥。晚上11點之後，海鮮以外的主菜皆打對折。

5 Chaya 日式料理

✉ 2104 Murray Ave., Pittsburgh, PA 15217
☎ 412-4222082
💲 $15～25
🌐 www.chayausa.com

老闆曾任Fort Lee希爾頓飯店日式料裡主廚，在匹茲堡市裡算是比較講究的日本餐廳。店面很小，僅能容納20多位顧客，時常可見有人排隊。此刻邊打字，邊想到套餐附的炸雞塊就口水直流，若單點烏龍麵或鰻魚飯之類的，可以考慮加點套餐。

卡內基校外何處去?

A 匹茲堡卡內基博物館
Carnegie Museum of Pittsburgh

✉ 4400 Forbes Ave., Pittsburgh, PA 15213
🌐 www.carnegiemuseums.org

整個博物館群共包含4個部分,其中美術館(Carnegie Museum of Art)以及自然史博物館(Carnegie Museum of Natural History)位於校園西邊,本區還包括了卡內基音樂廳(與紐約著名的音樂廳同為卡內基捐贈)、以及卡內基圖書館的總館。另外有安迪沃荷(Andy Warhol)博物館跟卡內基科學中心都位於北區(North Side)。

卡內基美術館是美國首座收藏現代藝術的美術館,館中的雕塑廳是仿照雅典帕德嫩神廟(Parthenon)的內部設計而建,這裡就是電影《閃舞》(Flashdance)中,女主角珍妮佛貝兒(Jennifer Beals)參加舞蹈學校入學考試的場景所在。

自然史博物館是全世界擁有最完整恐龍化石收藏的地點之一,卡內基在早期曾贊助許多探勘考古研究,在懷厄明州挖掘出來最完整的梁龍(Diplodocus)化石就是以他命名。其中昆蟲的館藏量超過740萬只,電影《沈默的羔羊》(The Silence of the Lambs)裡,茱蒂佛斯特(Jodie Foster)飾演的FBI女探員曾拿著案發現場的飛蛾到此詢問專家意見。

B 落水山莊 (Fallingwater)

✉ Bear Run (State Route 381), Mill Run, PA 15464
🌐 www.wpconline.org/index-fw1.asp

從市區往東行車約1小時可到達著名的落水山莊(Fallingwater)參觀,是建築師萊特(Frank Lloyd Wright)為考夫曼家族設計的別墅,建築整體橫跨於瀑布之上,是美國建築史上非常具代表性的作品。1963年考夫曼家族將落水山莊捐給西賓州保護協會。2001年該協會耗資一千萬美金補強塌陷中的結構,並維修景觀及室內裝潢。已有70年歷史的落水山莊,正是人類智慧的傑作轉化為公眾資產的見證。

C 華盛頓山的夜景

✉ 1220 Grandview Ave., Pittsburgh, PA 15211

匹茲堡的華盛頓山(Mountain Washington)夜景被美國著名的《USA Weekend》週報評鑑為美國十大美景第二名,遊客可以過河搭乘纜車上華盛頓山,近距離瞭望聳立在兩河匯流處的摩天大樓。建議遊客可以在日落前至山上的餐廳用餐,不但享受美食,也將美景盡收眼底。

D 學習聖殿 Cathedral of Learning

✉ 4200 Fifth Ave., Pittsburgh, PA 15213 💲 免費參觀

經過美術館之後繼續往西即可看見這42層樓高、具地標性的歌德式建築。由John Gabbert Bowman操刀設計,此建築高度超過163公尺,名列全世界第二高的學術建築物。1926年動土,施工經過了11年才完成。大樓的1樓跟3樓為國際教室,共有26個國家風格設計的教室,象徵了匹茲堡的移民來自世界各地,其中也包含有圓桌的中國教室。

大學公園市

馬里蘭大學
大學公園市分校
University of Maryland,
College Park

城市：大學公園市 (College Park)，離華盛頓
　　　特區約40分鐘車程
州：馬里蘭州(Maryland State)
吉祥物：一隻名叫Testudo的鑽紋龜
　　　　(Diamond Terrapin)
代表色：紅色、金色、黑色與白色
學校官方網站：http://www.umd.edu
台灣同學會網站：
http://www.studentorg.umd.edu/tsa

University of Maryland, College Park
Maryland State, United States of America (USA)

nd, Coll...f Maryland

...ents
...here they went on campus,
...reshmen-sophomore tug-of-...
...beanies were known as "ra...
...he men, and "rabbit caps" for the women.

科系：Smith MBA Class 2008

喜歡一個人品茗的寧靜但也喜歡與三五好友小酌調酒的喧鬧。

喜歡交朋友，也歡迎想要前往美國唸書的朋友與我交流。

何孟賢

top academ...
...n medicine, science,...
...graduate and professiona...
...lower Manhattan,...
...e historic, neoclassical campus in...
...University of Maryland, College Park University of...
...ndergraduate schools, thirtee...

College Park & University of Maryland

大學公園市 & 馬里蘭大學

馬里蘭大學位於馬里蘭州的大學公園市(College Park)，無論從馬里蘭大學到華盛頓特區(Washington D.C.)、馬里蘭第一大城巴爾的摩(Baltimore)，或者是首都安納波力斯(Annapolis)都只需要花40分鐘左右的車程。在地理位置上剛好介於都市及鄉野的中間，因此在此就讀的學生，除了可以置身於鄉野的靜謐之外，更可以感受到都市的熱鬧及繁華。大學公園市大部分的居民為馬里蘭大學的學生，因此整個城市活力十足，這裡有各種不同風格、特色的餐廳、商店等，在生活機能上是無虞的。

大學公園市

學 校 簡 介

隸屬於大西洋沿岸聯盟 (Atlantic Coast Conference)的馬里蘭大學(University of Maryland)成立於1856年，迄今已有百餘年歷史，是華盛頓特區中數一數二的名校。馬里蘭大學前身為馬里蘭農學院，成立於1856年。1862年7月，馬里蘭農業學院授予了第一批學位。美國內戰結束後，正當馬里蘭農學院調整腳步、要重新出發之際，1912年發生的校園大火一度澆熄眾人的熱情。然而，當大家普遍看壞農學院再起的可能性，堅強的馬里蘭大學學生與教職員工依然在災後繼續回到崗位上，他們不輕言放棄的堅持於是成就了今天的馬里蘭大學。

百餘年的歷史見證了無數美國近代發展的大事件，包括1861～1865年的南北戰爭。在美國內戰期間，馬里蘭農學院曾一度因為招生人數嚴重不足，加上經濟問題校方必須不斷出售土地，使得馬里蘭農學院一度破產；內戰結束後，所幸馬里蘭農學院受到聯邦政府資金的挹注，馬里蘭農學院又如浴火鳳凰般重生，漸漸在研究領域上發光發熱。1912年時，校園中心所在的位置建立了一個混凝土指南針，指南針上指出了當年被火燒毀的每一座建築的方向。

1916年馬里蘭州取得了馬里蘭農業學院的全部所有權，並把學校更名為馬里蘭州立學院；1920年4月9日，馬里蘭州立學院連同巴爾的摩一些職業學校合併成為馬里蘭大學(University of Maryland)。同年馬里蘭大學授予了第一個哲學博士學位，1951年第一個非洲裔學生入學，1988年馬里蘭大學系統成立，大學公園校區被正式命名為馬里蘭大學公園分校。

橄欖球校隊積極練習，以期在聯賽中大放異彩。

巴爾的摩水族館是相當值得參觀的一個景點

學校聲望 & 傑出校友

前惠普(HP)總裁：Carly Fiorina

Google創辦人：Sergey Brin

CNN總裁　：Jim Walton

知名華裔新聞主播：宗毓華 (Connie Chung)

前清大校長：沈君山

　　馬里蘭大學在電機(EE)和資科(IT)領域頗具盛名，其他像商學院、工學院等的綜合排名也都在20名上下。在美國東岸強校環伺當中，馬里蘭大學是一所兼具學術聲望及教學品質的優質大學。2005年經濟系教授湯瑪斯‧謝林(Thomas Schelling)發表了有關於賽局理論的論文，而成了該屆諾貝爾經濟獎得主。除了學術界的成就外，馬里蘭大學在其他領域也多有其他傑出的校友：例如前惠普(HP)總裁Carly Fiorina、Google創辦人Sergey Brin、貝爾實驗室(Bell Labs)的負責人Jeong H. Kim、CNN總裁 Jim Walton、NASA 負責人Michael Griffin以及海軍部長 Gordon Englan，前清大校長沈君山也於馬里蘭大學取得物理學博士。

如何到達馬里蘭大學

鄰近馬里蘭州的三個機場分別是雷根機場(Regan National Airport, DCA)、巴爾的摩機場(Baltimore/Washington International Airport, BWI)以及杜勒斯機場(Dulles International Airport)，可依遊客自身的代步工具來選擇降落不同的機場。

如何從機場到馬里蘭大學？

方法1　自行開車

若以開車為主要代步工具，則建議從巴爾的摩機場出發，約40分鐘車程。從巴爾的摩機場租車後，走95號公路往南，接著上495號公路。順著高速公路的指標然後在25號出口下交流道，接上1號公路往南，College Park方向。繼續往前莫約10分鐘就可以在右手邊看到學校正門。

方法2　捷運

若想以捷運為主要代步工具，則推薦降落雷根機場，因為機場和捷運銜接的相當好。搭乘捷運(Metro)在綠線的College Park 站下車，一出口就有成排的校車直達馬大。

方法3　機場接送

3個機場均可使用機場接送巴士服務，Supershuttle提供點對點的服務，在機場即可搭乘，費用約為$30，需事先預定。

搭車Tips

BWI 機場周邊交通
www.bwiairport.com/ground_transportation/supershuttle/

IAD 機場周邊交通
www.metwashairports.com/Dulles/

DCA 機場周邊交通
www.metwashairports.com/national/

華府地區捷運資訊
www.wmata.com/

supershuttle資訊
www.supershuttle.com/

beautiful views

春天來時圖書館前大草皮是熱鬧休息處

馬里蘭大學7大美景

Top

麥肯迪圖書館
McKeldin Library MAP:B5

麥肯迪圖書館是馬里蘭大學的總圖，館內藏書豐富，甚至可以找到全套的金庸武俠小說。館內也有多間自習(Carrel)，供給研究生自修用。每到春夏之際，麥肯迪圖書館前的一片大草坪總是躺滿了許多人，充分享受自由開放的氣息。

自從1932年鑽紋龜(Diamond Terrapin)成為馬里蘭大學的吉祥物，圖書館前的烏龜雕像(Testudo是牠的名字)更成了來馬里蘭大學必訪景點之一。學校有個傳聞，只要摸烏龜的鼻子就會帶來好運，所以只要路過大家都會觸摸龜鼻，希望好運不斷；每逢期中期末更是香火鼎盛，有創意的大學部學生甚至會擺上香煙來乞求庇佑。

Info
$ 開放給一般遊客免費參觀

圖書館前階梯式流水

大學公園市

Top 2

博爾德足球場
Byrd Stadium MAP:B4

　　每年到了足球旺季，同學們茶餘飯後的話題總是圍繞在週末的比賽上。身為馬大人，自然得支持一下自家的球隊。這座足球場可容納約6萬人，每當有主場的比賽時總會湧進大批的球迷，相當的瘋狂！

Info

$ 學生憑證可免費登記2張票，外賓$10。

馬里蘭大學的吉祥物Testudo人偶。

Top 3

籃球中心 MAP:C2
Comcast Center

　　這座斥資美金1億2,500萬、歷時2年蓋成的籃球中心，成了馬里蘭大學運動殿堂的新指標。因為馬里蘭大學有很多死忠瘋狂的球迷，每每在賽前都會吟唱馬里蘭大學專屬的戰歌，讓敵人的聞風喪膽、信心全無，因此Comcast Center籃球中心被EA Sport譽為「全國最難贏球的球場第七名」。Comcast Center可以容納近2萬球迷，全館設備一應俱全，足可以媲美專業的NBA球場。此外，每次的主場球賽都會有馬里蘭大學的樂隊以及啦啦隊熱情的演出，搭配中場休息時間由廠商贊助的遊戲項目讓球迷都有了難忘的一天。

Info

$ 學生憑證可免費登記2張票，外賓$10。

Top 4

工程與應用科學大樓
Jeong H. Kim Engineering and Applied Sciences Building MAP:D3

　　馬里蘭大學的工學院在東岸相當出名，每年在各項排名指標上都是名列前茅。近年新落成的工學院大樓相當具備現代感，是來訪馬里蘭大學不可錯過的建築物。這棟大樓以傑出校友Jeong H. Kim來命名。Jeong於1991年在馬里蘭大學取得信賴工程(reliability engineering)博士學位，這是馬里蘭大學第一個在該領域頒發的學位，他一直致力於手機通訊以及網路連結的發展，現今在業界相當活躍。2005年Jeong成為貝爾實驗室的負責人，馬里蘭大學也以他為名新蓋了工學院。工學院裡面的設備相當先進，有興趣的朋友一定不能錯過這趟蒐奇之旅。

Info

$ 開放給一般遊客免費參觀

Top 5

克萊絲藝術表演藝術中心
Clarice Performing Art Center MAP:A4

　　占地29,500平方公尺的克萊絲藝術表演藝術中心落成於2001年。這棟斥資1.3億美金的表演中心是以馬里蘭大學的校友Clarice Smith來命名，她同時也是一個傑出的表演者。該中心共有6大廳以供舞蹈或是音樂演奏等不同形式的演出。該中心的地板獨立於牆壁外，以免聲波的震動共鳴影響了演出；另外，該中心的空調也經過嚴密的設計，在冷熱度上做過調整，以呈現最佳的表現狀態。除了邀請校外的表演者，馬里蘭大學同時也和國立藝術中心(National Gallery of Art)與音樂系合作，提供不同的表演。音樂系的同學更可以在畢業演奏時邀請親朋好友在此中心欣賞演出。克萊絲藝術表演藝術中心是馬大人充實心靈的好去處。

Info
$ 入內參觀免費，欣賞表演$10～20。

Top 6

健身中心 Campus Recreation Center MAP:B3

　　馬里蘭大學的健身中心，硬體設備相當完善，包含了2個樓層的健身房、室內籃球場、壁球場、韻律舞蹈教室、桌球場、田徑場、室內游泳池(搭配水底音響及烤箱)等，是馬里蘭大學學生舒壓的好去處。

Info
$ 入內參觀免費，欣賞表演$10～20。

Top 7

商學院大樓 MAP:B6
Van Munching Hall

商學院一隅 （照片提供：張維中）

　　Van Munching Hall提供了商學院的學子旗艦級的設備，更是培育商業領袖的搖籃，包括了設備頂尖的多媒體教室、財務金融實驗室、創業輔導中心以及各式的研究單位。馬里蘭大學商學院是以傑出校友Robert H. Smith來命名，以紀念他在商學院大樓興建時捐贈了1,500萬美金。有趣的是，這位傑出的房地產大亨的太太也同樣是在馬里蘭大學留名的名伶，前述的藝術表演中心就是以Clarice來命名的。

　　近年來商學院在招生上相當積極，同時在亞洲上海的EMBA也做的有聲有色；新近落成的北翼(North Wing)更提供學生更多的交誼廳、個案研討室以及一流的設備。

Info
$ 開放給一般遊客免費參觀

馬里蘭大學大學公園市分校　University of Maryland, College Park

馬里蘭大學週邊玩樂吃喝

美食餐廳

民以食為天，出外的遊子讀書辛苦之餘總也得要照顧自己的肚子。雖然華盛頓特區不乏很多美食，不過其實校園附近就有很多選擇，甚至連台灣道地的鹹酥雞都買得到，可以一解思鄉之苦。

1 Cluck-U Chicken 美式料理

✉ 7415-A Baltimore Ave., College Park, MD 20740
💲 $8～15

愛吃辣的朋友有福了！這間小店專供各種辣度不同的雞肉；老闆還很幽默的把目錄改成不同等級，包括原子彈、核彈、911救護車等，當然也有不辣的雞肉可供選擇。平易近人的價格更是省錢一族的好去處。

2 天仁茗茶 台灣料理

✉ 7418 Baltimore Ave., College Park, MD 20740
💲 家鄉味珍珠奶茶$3～5，鹹酥雞$5，簡餐$6～8

沒錯，就是台灣的天仁茗茶。這間開在商學院附近的台灣餐廳常常擠滿了華人，在這裡可以一嘗家鄉味，包括珍珠奶茶、鹹酥雞以及各式料理，應有盡有。出外的旅客如果突然想起的台灣的好味道，絕對不要錯過天仁茗茶。

3 Pho 99越南料理

✉ 2065 University Blvd., College Park, MD 20740
💲 $6～8

華府本身聚集各地方來的人，所以想要嘗遍各地美食絕不是難事。越南麵是相當受歡迎的一間餐廳，店面雖然簡單，但是小小的一碗麵卻可以輕易抓住食客的心。濃郁的湯頭搭配清脆的牛筋往往讓人忘了即將到來的作業或是考試。平實的價格更是它絡繹不絕的祕訣。

4 Chipole 墨西哥餐廳

✉ 7332 Baltimore Ave., College Park, MD 20740
💲 $7～10

超好吃又平價的餐館！店裡採手工現做的方式，由客人親自決定喜愛的餡料，搭配不同的醬汁，可以是體積龐大的Burritos，也可以是小巧迷你的Tacos，全看個人喜好。

馬大校外何處去?

A 安納波力斯 Annapolis

安納波力斯曾經在1783～84年間短暫成為美國的臨時首都，現為馬里蘭州首府的所在地。就算除去了歷史的光環，安納波力斯也是一個旅遊的好去處。夕陽餘暉斜灑在乞沙比克灣(Chesapeake Bay)上，為平靜的水面添了幾分嬌色，和往來穿梭的遊客形成了最美麗的畫面。

Annapolis海港一景

B 華盛頓特區 Washington D.C.

馬里蘭大學雖然不在熱鬧的市區裡，不過距離美國首府華盛頓特區卻是不遠，搭乘地鐵大概40分鐘就可以抵達D.C.。市中心呈現的面貌就完全不一樣了，不僅有多樣的異國風味料理，如果懷念起家鄉的味道，也可以到中國城(Chinatown)去補充一下元氣。

D.C.幾個必看景點包括獨立紀念碑、白宮、林肯紀念中心、二次大戰紀念中心等。此外，D.C.同時也是喜好文藝的夥伴們最佳的去處。多數位於D.C.的美術館、博物館都可免費參觀，因此每逢週末假日總是看到許多人攜家帶眷到D.C.參觀。

林肯紀念像（照片提供：張維中）

1912年東京市長Yukio Ozaki贈送3,000株櫻花給美國，以示兩國邦交友好。此後D.C.的櫻花季總是會擠滿從各地湧進數以萬計的民眾，只為一睹櫻花的風采。當地的報紙甚至會自花季開始逐日報導，告訴民眾何時是最佳的賞花時期。

C 巴爾的摩 Baltimore

喜歡職業運動的朋友在這裡也可以獲得大大的滿足。在華府地區有職業籃球（NBA）華盛頓巫師隊以及大聯盟(MLB)華盛頓國民隊。在巴爾的摩地區則是有巴爾的摩金鶯隊(MLB)以及美式足球場(MFL)巴爾的摩烏鴉隊。因為金鶯隊和洋基隊同屬一個聯盟又同時都在東岸，所以洋基常會到金鶯主場三連戰。因此到現場為台灣之光王建民加油變成當地留學生的一件重要大事。每當紐約洋基隊到球場Camden Yard出戰金鶯隊時，總是會看到許多熱情的留學生拿著自製的海報熱情的揮舞、替他們心目中的偶像加油吶喊！

教堂山
北卡羅萊納大學 教堂山分校

The University of North Carolina at Chapel Hill

城市：教堂山 (Chapel Hill)
州：北卡羅萊納州 (North Carolina State)
吉祥物：一隻叫Rameses 的羚羊
代表色：天藍色(又稱北卡藍Carolina Blue)
學校官方網站：http://www.unc.edu
台灣同學會：
http://groups.google.com/group/unctsa

The University of North Carolina at Chapel Hill,
North Carolina State, United States of America (USA)

oldest state univers... ...ith a
two centuries. This v... ...museu
that history, ...as a physical museum ...o, wi
nd images arranged in a series of rough... ...ologi
s. Along the way, there is much for the ...ity's
take pride in Si... ...uths that ar... ...inful
The ...al ...arolina's oper... ...its o

科系：預計2011年取得商學院博士

畢業於交通大學工業工程與管理學系，

於史丹佛大學取得管理科學與工程碩士後，

在北卡一待就數個寒暑。

林彥廷

...stor...
...es arrang...
...ay there is much for the...
...ce now painful to rem...
The Uni... ...th Car...
...story of more than... ...centu...
...o, with texts and images arran...
...or the university's friends...

apel HillThe University of North Carolina at Ch...

教堂山 & 北卡羅萊納大學

北卡羅萊納州(North Carolina)恰正坐落在美東海岸線的正中央。羅利(Raleigh)位於北卡州中北部，人口數約**37萬**，為北卡州行政首府及第二大城，第一大城夏洛特(Charlotte)位於其西南方。都函(Durham)緊鄰羅利，為北卡州第四大城，擁有約20萬人口。羅利、都函與教堂山形成了北卡研究三角園區(Research Triangle Park, RTP)，為美國東岸重要之學術研究及科技發展重鎮，甚至被稱呼為美東的矽谷。比起高度開發，華語文化薈萃的美國西岸，這裡少了壅塞，更多了不受世俗打擾的優雅與從容。保有南方田野鄉村的樸實，同時孕育著高度發展的三角科技園區。北卡至2006年為止，共有8百萬居民，其中75%以上是白人，亞裔人口僅占不到2%，比起其他台灣人熟悉的州，這裡顯然是「白」得許多。

教堂山

學校簡介

16世紀末期，羅利爵士(Sir Walter Raleigh)自英國率眾抵達北卡，經過英國女王同意後，北卡成為英國在北美殖民的第二個州。為了紀念他，當今州政府所在地羅利(Raleigh)正是以他命名。20世紀初，萊特兄弟正是在北卡的小鷹市(Kitty Hawk)製造出第一架動力飛機，如今北卡的車牌上還寫著「First in Flight」紀念這段歷史。

北卡羅萊納大學教堂山分校(The University of North Carolina at Chapel Hill)，簡稱北卡大學，是北卡羅萊納大學系統中最古老的教育機構。北卡大學設立於1789年12月11日，是全美國最早成立的州立大學。在18世紀時，它是全美國第一所頒發學位的大學機構，也是唯一有研究生的公立學府，承此歷史脈絡，北卡大學長期被譽為公立常春藤的代表，在北卡羅萊納州大學系統尤其扮演著旗艦性的角色。1776年美國建國之初，憲法即明言美國需要由政府出資建立多所低價且提供全面性國民教育之大學，而北卡大就是在這樣的理念下建立的第一所州立大學。

北卡羅萊納大學教堂山分校占地約729英畝，廣闊優美的校園由兩大方型廣場構成。廣場之一為波爾克廣場，以北卡大學校友詹姆斯·諾克斯·波爾克(James Polk)總統的名字命名。若沿著校區紅磚步道，一些早期的建築及歷史景點清晰可見，大學初創立時的唯一一棟建築物——老東方(Old East)，是年代最悠久的美國公立大學建築，現延續為校舍使用，由於建造時地點臨近一所英國聖公會小教堂，教堂山因而得名。

學校聲望 ＆傑出校友

NBA知名球星：
籃球天王巨星麥可喬丹(Michael Jordan)

　　北卡大與其他學校最大的差異就是沒有工學院，但是有非常出名的理學院、醫學院與公共衛生學院。理學院中的統計系一直名列全美前5名，資訊工程與化學系也都名列全美排名30名內。藥學院在2007年出了個諾貝爾獎得主。圖書資訊學系與公共衛生學院整體更是分別名列全美第一與第二，生物統計縣與公共衛生學系亦是全美的翹楚。在全美眾多的商學院中，北卡大也有排名前20名內的表現，絕對是一所優質的大學。

UNC VS. Duke男子漢的競爭

北卡大(UNC)與杜克(Duke)兩校間的競爭，有時也被稱為「藍色間的競爭」(Battle of the blues)，因為北卡大的代表色為較淺的天藍色(又稱北卡藍Carolina Blue)，杜克的代表色則為深藍色。兩校間的競爭是久遠的傳統，起因於兩間學校只距離8英哩，北卡大為州立大學，杜克則為私立大學。其中又以男籃比賽的競爭關係最為激烈和精采。幾十年來，兩支球隊都是冠軍爭奪的常客，一項ESPN於2000年進行的調查顯示，在所有的運動中(包含職業運動)，UNC對杜克的籃球賽在美國人心中精采程度歷史上排名第三，其重要性可見一斑！兩校的學生都渴望在學期間至少可以現場觀賞到一次兩校間的男籃比賽，而平常兩校的學生和粉絲都對彼此充滿了仇恨。這樣的競爭關係的也存在人們在日常生活的場合中，成為一種有趣的現象。

羅利－都函國際機場(Raleigh-Durham International Airport, RDU)為連接北卡州內外交通樞紐，機場距離各個城市大約都只有15～20分鐘車程，機場內就有多家連鎖汽車出租公司提供租車服務，凡是到北卡大、杜克大學或北卡州大都是搭機至此機場，要到北卡可以開車或是坐公車，其中以租車較為方便。

如何到北卡大學

方法1 開車

從機場出來後接上高速公路I-40 W朝向Chapel Hill/ Durham 行駛，在273出口下來後左轉接上NC-54 W，繼續行駛約3英哩後NC-54將會更名為校園內的South Road，就是抵達校園。

方法2 公車

若選擇搭公車，可搭乘Triangle Transit Authority的公車。

搭車Tips

教堂山內即有Chapel Hill Transit提供的免費公車。這些公車都會經過校園，學期間班次比較頻繁。

Chapel Hill Transit 相關資料查詢
🔗 www.townofchapelhill.org/index.asp?NID=397

Triangle Transit Authority相關資料查詢
🔗 www.ridetta.org/Home/index.html

beautiful views

北卡羅萊納大學8大美景

Top 1

老井 Old Well MAP:C2

老井(The Old Well)地處校園中心，一個以凡爾賽花園中的愛德聖教堂為基礎的小圓形建築，是學校的中心象徵。舉凡是與學校相關的紀念商品、校方網頁、校徽旗誌、學生證件都不難看見它的藍色形影。緊鄰老井兩旁與它相伴的是兩棟美國歷史上最早的公立大學校舍，分別是老東方(Old East)與老西方(Old West)。老井在學校創立之初正是校舍的唯一水源，1897年方才重新改建為現今的面貌。1954年學校將井口封閉，修建成當時最新穎的自動飲水設置。歷經200多年，老井的原貌雖已不復見，但它始終以守護者之姿看望著校園和莘莘學子們。時至今日，新生間仍互相傳說著：在開學第一天飲用老井水，會為將開啟的學業之路帶來無比的好運！

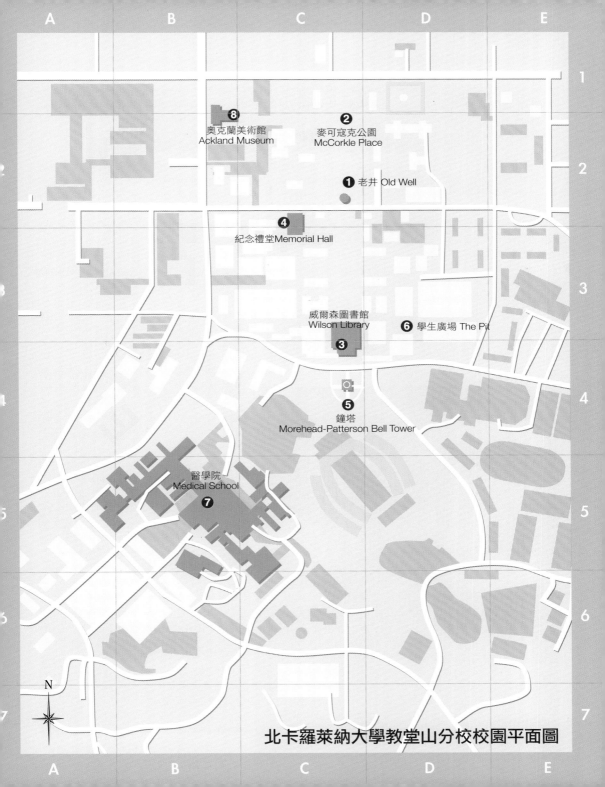

北卡羅萊納大學教堂山分校校園平面圖

beautiful views

Top 2

麥可寇克公園 McCorkle Place MAP:C2

初來乍到北卡大的訪客，很難不注意到在餐廳與紀念品商店林立的後方一片林蔭遮天的白楊木。這座沉睡在喧囂中的綠色林園就是McCorkle Place。位處北校園的中心，緊連著富蘭克林大街，它的名字是為了紀念那位在1784年向州議會起草建立學校的Samuel McCorkle而取。

林蔭遮天的白楊木外，還有座醒目的美國內戰時期士兵雕像。這饒富歷史意義的雕像是「沈默的山姆」(Silent Sam)，山姆手持來福槍但卻沒有彈夾，是用以紀念一位在南北戰爭時期失去生命的戰士，象徵南方對種族主義和奴隸制度的紀念。

而McCorkle廣場的古老的「大衛白楊」樹，長久以來被學生們視為北卡大的精神指標。傳說創校者William Richardson Davie即是在樹下決定了北卡大的校址，縱然傳說並不正確，但也為這棵老樹增添些許神祕色彩。樹下石凳更承載著一個浪漫傳說，據說只要坐在長椅上時，他所親吻的那個人最終將會和他步入禮堂。

教堂山

威爾森圖書館 Wilson Library MAP:C4

在一片紅砌建築林立的校園中，威爾森圖書館的歐式圓頂、石灰岩建築風格，讓它格外的沉穩典雅獨樹一格。走到圖書館內，歐風的閱覽室更讓人有彷彿走到劍橋牛津的英式古典氣息。在1984年戴維斯圖書館(Davis Library)完工前，威爾森一直是北卡大的主要圖書館。如今威爾森圖書館依然身兼動物學與音樂圖書館，同時館藏大量美國南方歷史文獻。這些特殊的蒐藏，讓威爾森圖書館更似一間珍貴的博物館。

Top 3

Info

- ⓒ 週一～週五，上午9:00～下午6:00；週六，上午9:00～下午1:00；週日與國定假日休館。
- ⑤ 開放給一般遊客免費參觀，但是裡面不能攝影。

Top 4

紀念禮堂 Memorial Hall MAP:C2

紀念禮堂是棟古典外型的表演堂，其實沒有真的在紀念哪位偉人。自1931年啓用以來，它經歷多次整修，最近一次是在2005年整修後重新開放。別小看教堂山這塊小地方的小禮堂，這裡的表演可說是與國際接軌。整年滿場的各種表演，舉凡百老匯、古典樂、爵士樂等等，應有盡有，馬友友與雲門舞集也都曾經到此表演過。

Info

- ⓒ 週一～週四，上午8:00～12:00；週五，上午8:00～晚上10:00、週六；上午10:00～晚上10:00；週日，上午11:00～12:00
- ⑤ 一般遊客免費參觀，表演票價校內師生$10，一般民眾需在網路購票。
- 🎫 售票網站 www.carolinaperformingarts.org

beautiful views

Top 6

學生廣場 The Pit MAP:D3

　　學生廣場地處於學生書店、圖書館、餐廳交會之處，附近建築多半就是各系系館，讓它很自然的成了學校最熱鬧的地方。廣場中心時常可見各種學生社團表演、演講、或即興創作。廣場北邊的雷洛餐廳(Lenoir Hall)是這附近最主要的學生餐廳，3層樓的餐廳裡有Subway、漢堡王等速食餐廳，也有美式吃到飽的自助餐，是校內最多樣化的餐廳，一般遊客皆可進入用餐。廣場東西兩邊的戴維斯圖書館(Davis Library)與大學生圖書館(Undergrad Library)是學生最常活動的圖書館。今年剛裝修完畢的學生書店是購買紀念品的首選，隔壁的Student Union有咖啡店，樓下還有保齡球場等娛樂中心。

Top 5

鐘塔 Morehead-Patterson Bell Tower MAP:C4

　　鐘塔是美國大學的共通特色，北卡大也不例外。緊鄰主要校區的鐘塔是校園正中央最高聳醒目的建築。最早之前鐘塔有12個人工敲打鐘，在科技發達的今天已經全部更換成14個自動鐘。這座鐘塔是由1891年畢業的校友莫爾黑(Morehead)提議建造的，這位校友積極的向學校提出建議興建鐘塔，甚至願意自己出資贊助。但是選地的問題上與校方卻遲遲沒有共識，最後雙方終於選定在威爾森圖書館後方興建鐘塔，並在1931年啓用。

Top 7　醫學院 Medical School `MAP:B5`

北卡大與一般大學較為不同的特色是沒有工學院，但是有知名的醫學院與公共衛生學院。北卡大在生物醫學領域有著重要的地位，公衛學院更是與哈佛齊名，2007年更產生了一位諾貝爾獎得主。龐大的醫學院群幾乎占據了三分之一的校園。除了一般的綜合醫院(Memorial Hospital)外，還有婦女醫院(Women's Hospital)、兒童醫院(Children's Hospital)以及癌症中心(Cancer Hospital)。優美的環境加上便利的醫療系統，使得教堂山成為美國人心目中最適合退休養老的地方之一。

奧克蘭美術館 Ackland Museum `MAP:B2`　Top 8

人文薈萃是北卡大的特色，當然不可少的就是美術館了。奧克蘭美術館成立於1958年。1948年William Hayes Ackland 先生有鑑於此處地缺少美術館，在他去世時將大筆的財產捐贈給北卡大，希望在此成立美術館造福人群。美術館的館藏豐富而多元，除了美洲藝術家作品外，也收藏了不少亞洲非洲作品。這裡的館藏多達15,000餘件，並且時常更換展覽，成為了學生求學課餘時間追求藝術陶冶的最好處所。

Info

💲 開放給一般遊客免費參觀。

北卡羅萊納大學周邊玩樂吃喝

北卡校外生活

富蘭克林街(Franklin Street)是教堂山這小鎮的主要道路，北卡大的校園就緊挨著它。說是主要道路，其實也只是條一兩公里長的雙向道路，但別小看這富蘭克林街，它可是當地人生活的重心。教堂山地方雖小，卻是出名的高級住宅區，自然也有許多水準不凡的餐廳，而它們大多就在富蘭克林街上。除了各式各樣的餐廳及咖啡店外，這裡還有許多北卡大相關紀念品販賣店，提供了除了校內Student Bookstore外更多選擇。

白天的富蘭克林街是優雅的，晚上它卻搖身一變成為五光十色的派對街，不管是跳舞的Disco Pub、喝酒的Lounge Bar，還是搖滾樂團表演的夜店應有盡有。每到週末深夜，滿街泡夜店的學生讓這成了不夜城。富蘭克林街的夜店是這附近最熱鬧的，連隔壁杜克大學的學生也常來這玩。每當北卡大與宿敵杜克大學有籃球或美式足球賽時，富蘭克林街立即瘋狂起來，酒吧擠滿為北卡加油的觀眾，整條街也會封閉，讓全校師生湧到街上慶祝狂歡。

萬聖節大遊行

每年的10月31日是著名的萬聖節，在富蘭克林街的萬聖節遊行更是當地的一大盛事。這項傳統從八○年代早期便開始，初期教堂山本的議會並不鼓勵外地的民眾前來參加這項非官方的慶祝活動，但還是無法減低大家參與的熱情，演變到今天變成每年超過8萬人，號稱是美國東岸兩大萬聖節遊行。每年當天晚上9點過後，精心打扮變裝過的人群便開始聚集在交通管制的富蘭克林街上，來回步行、爭奇鬥艷，直到深夜。

北卡羅萊納大學教堂山分校
The University of North Carolina at Chapel Hill

美食餐廳

1 Top of the hill美式餐廳

☒ 100 E Franklin St., 3rd Fl, Chapel Hill, NC 27514
🌐 www.topofthehillrestaurant.com
💲 $15〜25

道地的美式餐廳，提供了一般美式餐廳常見的比薩、漢堡與美式料理。這間餐廳算是附近價位稍高、品質較為講究的餐廳，最大的特色是有販售自釀啤酒，而且位於富蘭克林街最熱鬧的路口的建築物頂樓，優越的位置將富蘭克林街一覽無遺。

2 Elmo's Diner美式餐廳

☒ 200 N. Greensboro St., Carr Mill Mall, Carrboro, NC 27510
🌐 www.elmosdiner.com
💲 $8〜15

主要的餐點是漢堡、潛艇堡與三明治，餐廳不是很大，用餐時間常客滿需要稍微等待一點時間。最推薦的是漢堡與brunch。

3 MaMa Dip's Kitchen美式餐廳

☒ 408 W Rosemary St., Chapel Hill, NC 27516-2301
💲 $12〜17

美式餐廳，主要提供的是燒烤類與南方家常菜。推薦他們的Barbeque烤肉與主菜，主菜都是非常地道的南方菜。南方菜最有代表的就是「南部風味BBQ」，是一種酸甜口味的豬肉絲烤肉。

4 Lantern亞洲料理

☒ 423 W Franklin St., Chapel Hill, NC 27516
🌐 www.lanternrestaurant.com
💲 $20〜40

如果要找尋高級餐廳、特色創意料理，那麼Lantern不會讓你失望。Lantern不但料理美味，而且燈光好氣氛佳，晚上還搖身一變成為Lounge Bar。當然高級的服務，也要相對高級的付出就是了。

5 Breadmen's Restaurant & Catering美式餐廳

☒ 324 W Rosemary St., Chapel Hill, NC 27516-2511
💲 $8〜15

Breadmen's 是另一家南方口味的不錯選擇。除了標準的漢堡、三明治外，許多南方口味家常菜都很不錯。

6 Carolina Brewery 美式運動餐廳

☒ 460 W Franklin St., Chapel Hill，NC 27516
💲 $5〜20

想要一面享受美式大餐、一面與全餐廳的顧客一起看球賽為北卡大加油嗎？來Carolina Brewery就對了！標準的美式運動餐廳，球季的時候可以一邊用餐一邊看球賽，對球迷來說這裡絕對是最好的選擇。同時也有自釀的啤酒供選擇。

雅典城

喬治亞大學
University of Georgia

城市：雅典城(Athens)
州：喬治亞州(Georgia State)
吉祥物：喬治亞牛頭犬
代表色：紅色與黑色
學校官方網站：http://www.uga.edu
台灣同學會網站：
http://www.uga.edu/taiwan

University of Georgia,
Georgia State, United States of America (USA)

U.G.A.

科系：Public Relations，2008畢業

雖然來自熱鬧的台北，在UGA攻讀碩士期間，

卻完全愛上了寧靜的Athens。

郭銘蘭

曾任2007年UGA台灣同學會會長。

雅典城 & 喬治亞大學

　　雅典城位於喬治亞州的東北方，是全美最大的大學城之一，人口約有98,000人，附近是幅員遼闊的森林，氣候類似台灣。城內景色怡人，生活非常便利、治安良好(白人居多)，課業之餘可以參觀城內的博物館、藝術館等，加上附近有非常豐富的地理環境，使其戶外的休閒遊憩活動選擇相當多樣化。和其他大學城一樣，雅典城有著開明自由的社區風氣，和校園的學生共同創造一個充滿文化藝術、知性與智性的環境。喬治亞大學位於這座大學城內，也貢獻了它的創造與發展。雅典城的生活費比起東西兩岸或大城市裡的花費與住宿開銷，可以說是比較便宜的。校園內的華人不多，也很容易體驗到標準的美式生活。

雅典城

學校簡介

　　喬治亞大學創建於西元1785年，歷史十分悠久，是全美國第一所由州政府出資贊助支持的大學，可以說是喬治亞州最具優秀師質及指標性的多元化高等教育學府，校區面積廣闊，擁有許多的天然資源及完善的教學設備。主要的校園共計有380棟大樓做為教學使用，總學生人數大約是33,800人左右，歷年來的學校排名位居前茅(公立大學的排名約20)。

　　喬治亞大學歷史悠久，在大學部課程方面，提供了173個不同領域的22種學士學位，而在研究所課程方面，提供了130個不同領域的34種碩博士學位，豐富而多樣的課程內容，是許多學生的主要選擇之一。熱門的科系包括：公共事務、教育學院、商學院、新聞與大眾傳播學院(公共關係與廣告)、藥劑學、法學院、社工系、獸醫系等。

　　喬治亞大學的教授們在許多不同的領域皆有傑出表現並獲得許多殊榮，每年也多獲政府、基金會及贊助廠商以贊助經費方式協助其從事專業的學術研究，相關學術論文的發表更是不勝其數。學校也相當用心於州內歷史文化遺產等相關文獻資料的保存與維護，這些都可以在喬治亞大學所屬的圖書館及博物館內看得到，從中反映出大學的整體獨特性在全國及整州所扮演推動智能、文化和環境遺產的角色。

　　雅典城是喬治亞牛頭犬(Georgia Bulldog)的家鄉，它也是學校的吉祥動物。市內約可見到50隻不同裝扮的牛頭犬雕像，例如在Downtown就可看見好幾隻，學校校徽Arch對面就是一隻頭帶月桂冠成希臘裝扮的牛頭犬，非常有趣。

一年一度夜間自行車競賽，所有Downtown的街道都會封閉規劃成自行車的車道。

學校聲望
& 傑出校友

全球最大附加保險公司AFLAC
執行長：Dan Amos

五度代表美國征戰奧運籃球的傳奇女將： Theresa Edwards

美國可口可樂公司前董事長：
M. Douglas Ivester

美國第一位非裔法官：
羅伯特本漢(Robert Benham)

台灣國立中央大學英美語文學系教授：
何春蕤

　　喬治亞大學主要在文科方面享有盛名，尤其公共與國際事務學院(School of public and international affairs)全國排名第四。教育科系也是強項領域，教育研究排名20，很多台灣學生也都會選擇來這裡念Instructional Technology。此外，不知是否由於CNN總部都設在亞特蘭大，新聞與大眾傳播學院的新聞、廣告與公共關係課程，是校內很受歡迎的系所，也是Peabody 獎的主辦者(全國電視廣播新聞、娛樂及兒童節目的評選，每年6月於紐約舉行頒獎典禮)。法學院與商學院(會計、企管、行銷研究系等)也是非常受歡迎的學院。儘管如此，喬治亞大學在理工農方面也是表現突出，例如獸醫學院全國排名第10。此外，學校並於2007 年成立全國第一所生態學院(Ecology)。

雖然雅典城有自己的機場(Athens Ben Epps Airport)，但是其實亞特蘭大是美國東南方最大的國際機場(Hartsfield-Jackson Atlanta International Airport)，停靠的航空公司與航班相對多了很多，所以大部分的人都是選擇搭乘抵達亞特蘭大機場的航班。

如何到喬治亞大學

 方法1 開車

從亞特蘭大國際機場開車到喬治亞大學約需1個半小時的車程。出機場後走 I-85 North方向，在出口106下交流道(State Hwy 316 E 出口)，朝Athens/Lawrenceville前進，繼續沿著GA-316/University Pkwy開約40英哩之後，上匝道後走US-29 N，最後於出口7 (College Station Rd 出口) 下交流道後左轉，就可以看到校園。

 方法2 機場巴士

到機場大廳外搭乘巴士與Shuttle的地方上車，可以搭AAA shuttle到達校內的Georgia Center，單程不含小費是$45。
相關行程表及預約資訊
 www.aaaairportexpress.com/routes/athens.html

搭車Tips

校內免費公車：
由於校園遼闊，想要在課間從南校區走到北校區雖然並不是不可能，大概花個30分鐘，還好校內公車系統非常完善，大約有十班不同路線的公車縱貫校園內外東西南北。建議來到校園內第一件事是先拿份公車地圖(地圖可以在公車上拿取，圖書館或是Tate Center 也都可以取得)，研究好目的地路線、不同公車線的交通轉運點，就可以校園走透透。因為不需刷卡，所以不管是學生或遊客都是免費搭乘。
UGA校內公車資訊 www.transit.uga.edu/route.html

市公車：
市公車是白色的車身，有好幾班都會行經校園內，學生因為繳學費時已有包含一筆交通運輸費，所以坐市公車只要刷學生證都是免費，成人票價單次約$1.5左右。搭市公車也是可以到達超市或是mall，不過因為大都是1小時1班且多為單向行駛路線，日常的生活用品採賣，在這裡還是開車比較方便。
雅典市公車資訊 www.athenstransit.com

喬治亞大學10大美景

Top 1 校徽 The Arch `MAP:B1`

The Arch本是喬治亞州州璽的圖樣，後來被引用成爲喬治亞大學的象徵，也是學校的官方代表標誌，在任何地方都可以看到它的出現，不管是任何的刊物文件、紀念品或是網站上都看得到它的蹤影。Arch的三根柱子各自代表著智慧(wisdom)、公正(justice)、適度(moderation)。雖然它的歷史長時間被人們所忘記，不過它依然象徵一條通往具有悠久歷史意義的北方校園的入口。Arch非常適合做爲校園巡禮的起點，歡迎著大家來到喬治亞大學！

北校區Arch的正對面即為Downtown

Arch位於校園的最北端，跨越馬路的對面即是雅典城的Downtown。關於Arch的傳說最著名的一個是：如果新生從Arch下走過，那麼他將永遠無法畢業！雖然不知道是眞是假，不過校園傳說總是這麼令人富有想像空間，不是嗎？

北校區的林陰大道一景

校徽
The Arch ❶

大教堂
Chapel ❷

圖書館
Main Library ❸

學生學習中心
Student Learning Center
❹

學生活動中心
Tate Student Center ❺

❻

聖佛美式足球場
Sanford Stadium

音樂學院跟藝術表演中心
❼ Performing Arts Center

美術館
❽ Georgia Museum of Art

❾

體育館
Ramsey Center

哈瑞克湖
Lake Herrick
❿

喬治亞大學校園平面圖

beautiful views

雅典城

Top 2 大教堂Chapel MAP:B1

建於西元1832年的大教堂是雅典市最早興建的希臘式建築之一，是學校具指標性與歷史價值的建築物。也是許多校友選擇結婚或是拍攝婚禮照片的取景地點。

Info

💲 開放一般遊客免費參觀

Top 3 總圖書館 Main Library MAP:C2

學校有兩大圖書館總圖(Main Library) 及科學圖書館(Science Library)，總圖是校內最大的圖書館，並有全美國最多的地圖收集，也是全美藏書量排名第三多的圖書館。裡面的藏書非常豐富，擁有超過390萬的藏書，並且有非常便利的電腦查詢系統，讓你可以輕鬆地從上萬書堆中找出想要的那本。還有豐富的學術資源供研究生利用，可以線上搜尋到各種學術發表文章與研究。底層樓也收藏全美的報紙、雜誌，像是美國有名的中文報《世界日報》在這裡也找得到。

Info

🕐 週一～週四，上午7:30～凌晨2:00；週五，上午7:30～下午9:00；週六，上午10:00～下午7:00；週日，上午11:00～凌晨2:00

💲 開放一般遊客免費參觀

Top 4

學生學習中心 MAP:B2
Student Learning Center（SLC）

2003年秋季才全新完工，裡面猶如豪華的大型K書中心。不管是設備、燈光、擺設以及規模，都相當可觀，裡面大致分成電腦使用區（有超過500台的豪華液晶螢幕電腦）、有舒適自動空調和感應式燈光的自習討論間、教室、咖啡區(二樓)以及許多販賣機。和總圖書館一樣全棟無線上網，所以也可以攜帶自己的筆記型電腦來這裡使用，24小時開放，每個月定期有不同學生組織會在這播電影。

這裡也是北校園的最熱鬧的地方，不管是讀書、買東西、吃飯、提款等都可以在這一次解決，非常便利。這棟學習中心建好後，大幅提升全校的讀書風氣，也使學校學生的成績大幅進步，來這裡求學的學生們一定要多加的利用。

Info

ⓒ 除週五與週六開放到晚上7:00，週日到週四為24小時開放。
Ⓢ 開放一般遊客免費參觀

Top 5

MAP:B2
學生活動中心
Tate Student Center

裡面有餐廳專賣美式食物，還有展覽廳、郵局、遊戲間、遊戲機、活動大禮堂(Georgia Hall)、影印店、自習室，還有一個播放過季電影的電影院，時間通常是每週四晚上到週日會播送一部過季院線片電影，重點是學生票只要$1，非常便宜。

Tate主要就是一個讓學生交流的地方，辦活動需要登記也是到這邊來。裡面有數個大看板，隨時張貼學校近期舉辦的活動，或是二手物品買賣的廣告，常常注意有時可以撿到便宜的寶。學校有許多活動也常都會在這一樓的活動大禮堂舉辦。Tate II近期將完工，到時學生又多了一處休憩的好地方。

Info

Ⓢ 開放一般遊客免費參觀

喬治亞大學
University of Georgia

Top 6

美術館 MAP:C3
Georgia Museum of Art

美術館就位在表演藝術中心旁邊，固定展出學校師生的作品，也可以在這買紀念品，有時也會有外來的展覽會。

Info

Ⓢ 免費參觀

雅典城

Top 7 聖佛美式足球場Sanford Stadium `MAP:C4`

身為喬治亞大學的學生，至少要來這個可以容納9萬多人的美式足球場看過一場球賽不可！每年秋季NCAA美式足球賽程開打後，最令人興奮的莫過於每當週六有主場比賽的時刻了。觀看球賽的人潮總是把校園擠的水洩不通，因為喬治亞的代表色是紅色與黑色，所以現場總是紅壓壓一片，每個人都瘋狂似地賣力為自己的學校加油。筆者認為，美國的學校在培養學生對學校的認同感這一部分做的非常成功，不管是畢業校友還是在學生，大家都以身為學校的一份子為榮。再看看每間學校的紀念品販賣著各式各樣的學校周邊商品，就知道大家都是多麼地支持自己的學校了。

Info
💲平日無開放一般遊客進場內參觀，比賽期間校外人士也可以買票觀賞，票價不一。

Top 8 `MAP:C4` 音樂學院跟藝術表演中心 Performing Arts Center

和數個理工學院座落在東邊校園，學校的Hugh Hodgson音樂學院每月都會有許多表演節目：交響樂、舞蹈戲劇、歌劇合唱或是個人獨奏會等，有些音樂會有時還是免費的，是喜歡藝術表演的人不能不知道的地方。

Info
💲除免費的表演外，一般票價約$7～20不等。

MAP:C5 Top **9**

體育館Ramsey Center

　　喜歡運動的人來到喬治亞大學真的是有福了！這裡是1996年亞特蘭大奧運時興建的運動中心，設施都是世界級的水準，特別是喜歡健身和游泳的人，到Ramsey保證有值回票價的感覺。喬治亞的運動風氣非常盛行，跳水、游泳、體操等都曾蟬聯好幾年NCAA全國冠軍。Ramsey裡結合豪華健身房、國家級游泳池、籃球場、排球場、羽毛球場、體操、壁球、攀岩等，因為都是在室內，任何時候想來運動都很方便。所有運動器具球拍等都是免費出租，學生只要刷學生證就可以自由進出。

Info

$ 有開放給校外人士使用，費用一次$7。

Top **10**

哈瑞克湖Lake Herrick **MAP:C7**

　　隸屬於國立自然森林棲息地(Oconee Forest Park)的一部分，林地裡這個漂亮的哈瑞克湖，適合團體聚會，也可以從事所多戶外活動，或是騎腳踏車、爬山等。

Info

$ 免費參觀

喬治亞大學周邊玩樂吃喝

美食餐廳

雅典城裡全美連鎖的知名餐廳幾乎都有，雖然亞洲料理的選擇不多，不過還是有機會吃到泰式、印度、日本或韓國等的異國料理。尤其Downtown也有許多不用開車就可以品嘗得到的美食，對學生族群來說相當方便。

1 Taste of India 印度餐廳

- ✉ 131 E Broad St., Athens
- ☎ 706-5590000
- 💲 午餐$7.5，晚餐$10～20

食物非常道地，尤其週一到週五的午餐Buffet，一份$7.5非常超值。

2 Utage Athens Sushi Bar 日本料理

- ✉ 440 East Clayton St., Athens
- ☎ 706-2279339
- 🌐 www.utagesteaksushi.com/menu.htm
- 💲 晚餐$10～20

相較於許多味道稍偏美式的日本料理店，這間的口味是比較道地的。握壽司、豬排飯都是常點的招牌。牆上還有數個大電視螢幕播放各式運動比賽，對預算不多的人來說，平日的中午特餐(Lunch Special)一份$7非常划算。

3 Thai Spoon 泰國料理

- ✉ 149 N Lumpkin St., Athens
- ☎ 706-5489222
- 💲 晚餐$7～15

泰式家常料理，價格中等，主要有飯類或泰式炒河粉等，素食或是喜歡吃辣的這裡選擇的種類也很多。

4 Last Resort Grill 美國南方風味

- ✉ 174-184 W Clayton St., Athens
- ☎ 706-5490810
- 🌐 www.lastresortgrill.com
- 💲 午餐$7.5，晚餐$15

溫馨的布置，創意的食材，美味的餐點，使這間人氣餐廳一直是許多人心中雅典城最佳餐廳的前幾名！有充滿特色的主菜(尤其海鮮食材的選擇很多)，義大利麵到甜點都很美味！店內也有販售一些本地藝術家的藝術作品，飽足一頓之後可以慢慢觀賞。

5 Transmetropolitan 美式餐廳

- ✉ 145 East Clayton St., Athens
- ☎ 706-6138773
- 💲 $10～15

依照個人喜好現點現烤的Pizza非常好吃，價位也不高，Pasta 也是許多人的喜愛，是學生最喜歡聚會的地方之一。

6 East West Bistro 義式餐廳

- ✉ 351 E. Broad St., Athens
- ☎ 706-5469378
- 💲 $15～20

曾被雜誌票選為「The Best Restaurants for Wine Lovers」，就可知道這間餐廳與其他主打學生族群的餐廳的不同之處了。是Downtown比較高級的餐廳之一，布置與擺設都很有情調，在內用餐氣氛很好也不用擔心會太喧嘩，因此是許多教授及學校職員們喜歡用餐聚會的地方。

7 Blind Pig 純美式酒吧

- ✉ 485 Baldwin St., Athens
- ☎ 706-5483442
- 💲 $7～10

學生最喜歡去的地方之一，可以喝啤酒聊天也有多台電視可以看運動比賽，這裡的炸香菇(Fried Mushroom)非常美味，還有多種不同口味的雞翅跟漢堡可以選擇。

藝術表演

此外對於喜歡藝術表演的人，學校的音樂學院與藝術表演中心每個月都有許多表演活動，有些是免費的，多多留意校園資訊即可。

位於downtown 東方的Classic Center是雅典城這裡的主要表演中心，定期有許多大型表演，學生常可用學生票價看到一場不錯的秀。

校內常有免費的藝文表演可觀賞。

校園周邊景點

Memorial Park

位於校園南邊的公立公園，也是一處迷你動物園，非常適合親朋好友在假日時前往踏青野餐或是烤肉。不需要門票，開放時間到下午5點。

Sandy Creek Park

距離學校並不遠的國家公園，公園內的景色四季分明，隨季節而豐富地變化，尤其秋天的湖畔楓紅美的不得了。開車走Loop 10 East由12號出口轉出隨著路標指示即可到達。開車約10分鐘，門票1人$2，園內可以烤肉露營散步遊湖划船等，非常適合朋友或家庭聚會。

適合朋友一起出遊野餐的Memorial Park。

Sandy Creek Park的秋天，湖畔的楓紅美不勝收。

甘尼斯維爾

佛羅里達大學
University of Florida

城市：甘尼斯維爾(Gainesville)
州：佛羅里達州(Florida State)
吉祥物：鱷魚(alligateor)
代表色：橘色與藍色
學校官網：http://www.ufl.edu
台灣同學會：http://uftwsa.org

University of Florida
Florida State, United States of America (USA)

科系：藥學系博士班，預計2009年5月畢業

呂怡慧

甘尼斯維爾 & 佛羅里達大學

提到佛羅里達州，總讓人不假思索地直接聯想到度假天堂邁阿密，熱情陽光、美麗沙灘以及隨風飄逸的棕櫚樹，當然更少不了身材姣好的比基尼女郎與肌肉健美的男士。甘尼斯維爾(Gainesville)是北佛羅里達的教育和文化重鎮，位於邁阿密北方約5個半小時車程的地方。氣候和台灣類似，但比台灣更為乾爽，所以十分宜人。整個城市人口約為12萬人，其中約5萬5千人為佛羅里達大學的學生，是個典型的大學城。佛羅里達大學是個非常迷人的大學，舒適的氣候加上和善的人群能讓你留下美好的回憶；城市生活的充實和鄉村氛圍的悠閒也巧妙的融為一體，你一定會把心遺留在甘尼斯維爾！

甘尼斯維爾

學校簡介

佛羅里達大學是個擁有淵遠歷史的學府，早在1860年時，東佛羅里達高等學校(East Florida Seminary)和佛羅里達農業學院(Florida Agricultural College)合併，共同提供教育給當地居民時，這就是佛羅里達大學的前身。隨後在1905年，透過法律程序的核可，佛羅里達大學正式成立於甘尼斯維爾(Gainesville)並於1906年敞開大門迎接學生。從事教育事業的一百多年中，佛羅里達大學不斷精益求精，如今她不僅僅只是佛羅里達州內歷史最悠久、占地最大、提供最多元教育的學府，更是美國一流公立大學中的魁楚。

佛羅里達大學校園寬廣，有別於台灣的任何一所大學，佛羅里達大學擁有2,000英畝的校地和超過900棟的建築物，名列美國最大校園的前5名學府。走在校園內，遼闊的草地搭上優雅的建築；溫暖的陽光配上學生歡欣的笑臉，彷彿讓人置身於世外桃源，校園東北部甚至被列入國家的歷史保護區域。

倘認為悠久的歷史也代表著古老腐朽的研究室和教室，那可就大錯特錯了！為了提供老師和學生優良的研究和就學環境，佛羅里達大學不斷翻新校園內建築以符合二十一世紀的需求：嶄新的McKnight Brain Institute、Health Professions、Nursing and Pharmacy Building以及正在動工的Genetics and Cancer Research Center和Biotechnology Building都將為佛羅里達大學校區注入新血。總括而言，校園內的整體設備價值保守估計至少超過10億美元。

目前在佛羅里達大學就讀的台灣學生約200人，工作的職員與教授約50人。佛羅里達大學是採學期制(Semester)：秋季班是8月底到12月中，春季班是1月初到5月初，夏季班則是5月中到8月初，每個學期大約15～17週，夏季班則又分為Summer A、Summer B、Summer C，之間各有一週的假期。寒假則由12月中到1月初，約3週的假期。

如何到達佛羅里達大學

學校聲望 & 傑出校友

美國物理學家，數位科技之父：
安塔諾所夫(John V. Atanasoff)

IBM 個人電腦之父：
Philip Donald Estridge

NASA太空人：William Frederick

　　佛羅里達大學的傑出校友遍布美國各處，除了在學術界占有一席之地，在產業界、政治、經濟都有著舉足輕重的影響力，為人津津樂道的包括數位科技之父安塔諾所夫(John V. Atanasoff)、IBM PC之父Philip Donald Estridge、NASA研究中心主任Lesa Roe、NASA太空人William Frederick Fisher、Bill Nelson、Norman Thagard以及2005年諾貝爾化學獎得主Robert Grubbs等。

　　佛羅里達是以農業為重要產業的一州，相對的，佛羅里達大學的農藝與生命科學(Agriculture and life science)、生物工程與技術(Bioengineering and biotechnology)享譽全國；另外藥學(Pharmacy)、醫學(Medicine)、新聞與大眾傳播(Journalism and Communications)和材料科學與工程(Material Science and engineering)等科系都是全國排名前10名的科系。

甘尼斯維爾本身就有一座機場(Gainesvill Regional Airport)坐落於此，因此下飛機後不須再長途跋涉開車，十分方便。然而，美中不足的是公車路線並不包含機場到佛羅里達大學，也沒有其他大眾交通工具可以搭乘。

如何從機場到佛羅里達大學？

 方法1 計程車

機場有提供叫車服務，大約需等上15分鐘到半小時，也可以提早上網預定計程車。從機場到佛羅里達大學校園大約30分鐘左右，費用約$15～30。

計程車相關網頁：
- www.usataxiandairportshuttle.com/
- www.yellowpages.com/Gainesville-FL/Taxis

 方法2 開車

開車的話可以沿著機場Airport Access Road向東南方前進，大約1.5英哩會接Waldo Road，行駛約3英哩轉入University Avenue抵達佛羅里達大學。

搭車Tips

校內公車：
在這座學生人數將近是整座城市總人口的一半的大學城中，Regional Transit System(簡稱RTS)公車系統頗為發達，校內學生密度高的場所和公車上幾乎都有擺放公車路線及時刻表，每學期RTS也都會提供更新的路線時刻表。RTS非常準時，只要規劃得當，要靠著公車逛完Gainesville大部分的景點並非難事。
- Regional Transit System：www.go-rts.com/
- 平日，早上6:00～凌晨2:00；週末班次較少，約從早上10:00～下午5:00。寒暑假時因搭乘學生人數減少，會縮減一些班次。
- 學生憑學生證(Gator1 ID)搭乘免費；校外人士單程$2，月票則是美金$30(不限搭乘次數)。

佛羅里達大學 University of Florida

beautiful views

佛羅里達大學10大美景

Top 1

世紀鐘樓
Century Tower MAP:B7

佛羅里達大學的指標性建築物世紀鐘樓建於1953年，是校園內最高的建築物之一，用以紀念佛羅里達大學建校100週年和在第一次及第二次世界大戰中喪生的學生。在1979年，校方在塔頂加裝了鐘琴，世紀鐘樓便在課間發出悅耳的鐘聲提醒大家上下課的時間。在校內某些重要場合，世紀鐘樓也會應景的搭配悠揚音樂。拿著相機到世紀鐘樓前合照留念，是不可或缺的重要行程。

Info

$ 校內建築，一般遊客可免費參觀
🚌 1、8、9、12、13、16、17、20、21、29、36、43 (公車站下車後約步行15分鐘)

佛羅里達大學校園平面圖

N

① 世紀鐘樓
Century Tower

② 騰靈頓庭院
Turlington Hall
Courtyard

③ 瑞茲聯合大樓
Reitz Union & Hotel

④ 華博湖
Lake Wauburg

⑤ 葛瑞芬球場
Ben Hill Griffin Stadium

⑥ 歐康諾體育館
Stephen C. O'Conell Center

⑦ 愛麗斯湖和蝙蝠屋
Lake Alice and Bat House

⑧ 佛羅里達自然歷史博物館和
侯恩美術館
Florida Museum of Natural History
and Harn Museum of Art

⑨ 西圖書館和美國廣場
Library West and Plaza
of the Americas

⑩ 西南健身中心
South West
Recreation and Fitness Center

beautiful views

Top 2

騰靈頓庭院 Turlington Hall Courtyard `MAP:A7`

文理學院(College of Liberal Arts and Sciences)坐落於騰靈頓庭院，這個佛羅里達大學最大的學院提供了社會學(Social)、生物學(Biology)、物理科學(Physical Sciences)、數學(Mathematics)和人類學(Humanities)方面的課程，也因此騰靈頓庭院是校內學生最密集的地方之一，成為學生們在課餘時間從事社交活動的主要場所。學生在這裡聊天、設攤為社團活動招生、完成進入兄弟會／姐妹會(Fraternity/Sorority)的入會考驗、發表演講進而和圍觀群眾辯論等，在這裡，你可以體驗到最道地的美國學生的校園生活。

Info

$ 校內建築，一般遊客可免費參觀。
🚌 1、8、9、12、13、16、17、20、21、29、36、43（公車站左前方）

甘尼斯維爾

瑞茲聯合大樓 `MAP:B6` Reitz Union & Hotel

Top 3

瑞茲聯合大樓坐落於學校的心臟地帶，不但滿足老師、學生、賓客生活上的簡單需求，包括住宿、餐廳、旅行社、禮品店、保齡球，甚至還有髮型設計。但對學生來說，最具吸引力的還是每逢週五的「Gator Night」，佛羅里達大學校方在學期中的週五在瑞茲聯合大樓舉辦一連串的活動：製作手工蠟燭、製做砂畫、提供各式有趣的服裝和假髮讓穿戴並拍照留念、製作個人專屬的相片滑鼠墊、播放院線熱門電影並提供爆米花和飲料等，各式各樣的活動讓學生度過歡樂無比的週五夜晚；更重要的是，只要憑學生證(Gator ID)入場，一切活動都免費，另外還有提供一個客人名額給大家，學生可以攜伴參加喔！

Info

$ 校內建築，一般遊客可免費參觀。
🚌 這裡可說是學校的公車總站，幾乎所有的公車都會在這裡停靠，不知道去哪裡換車或該搭哪一班車，到這裡準能找到你要的公車。

華博湖 `MAP:B7` Lake Wauburg

位於佛羅里達大學主要學區南方大約8英哩處，是個戶外活動的絕佳去處。華博湖主要分為2區，一區是北公園(North Park)，這裡有著25英畝的綠油油草地作為野餐和烤肉用地，放眼望去，寬闊的草地和一望無際的湖面讓人心曠神怡，此外，憑學生證還可以免費租用水上活動設備讓你在湖面上悠遊，種種有趣的水上活動紓解了平日的生活壓力。另一區則是南岸(South Shore)，此處占地65英畝，區內有著令人眼花撩亂的野生動物，也提供了高爾夫球、滑水、帆船、攀岩牆等運動。華博湖絕對是假日放鬆的最佳去處。一張Gator ID學生證可邀請4位客人入場。

Info

Top 4

✉ 位於Highway 441上，距離佛羅里達大學主要學區8英哩。
🚌 於McCarty Hall校內有接駁車接送

Top 5 葛瑞芬球場 Ben Hill Griffin Stadium MAP:A6

　　到了佛羅里達大學如果沒有到葛瑞芬球場朝聖、如果沒有身歷其境參加一場美式足球比賽，這可是會讓你後悔一輩子的事！美式足球是美國人最為之瘋狂的運動，也是美國文化中非常重要的一環，這項運動在佛羅里達大學可說是發展得淋漓盡致，因為佛羅里達大學是2006年NCAA賽事中的冠軍學校呢！葛瑞芬球場可容納將近9萬人，每當進入了美式足球球季(9月～隔年1月)，這裡馬上變成每個星期六最擁擠、最沸騰的地方。

Info

$ 校內建築，一般遊客可免費參觀。觀賞比賽則需購買門票，門票票價不一，請向位於入口處的購票中心查詢。

▱ 34、118、119、120、121、122、125、126

Top 6 歐康諾體育館 Stephen C. O'Conell Center MAP:A5

　　歐康諾體育館建於1980年，這棟建築物的奇異之處在於其「屋中屋」的設計，外屋主要是為了能讓植物在是室內維持良好的生長而設計，因此進入歐康諾體育館頗讓人有耳目一新的感覺。歐康諾體育館如同佛羅里達大學的學生活動中心，內有籃球場、游泳池、重量訓練室等等設施，除了是學生運動比賽和練習的場所之外，也有各式各樣活動的舉辦於此：搖滾演唱會、管絃交響演奏、求職博覽會等等活動也都會在此進行，每天至少有一千人同時在此參加9種不同的活動！

　　此外，這裡也是校際籃球比賽用地，每到春季就進入緊張刺激的季後賽，整個學校都為此瘋狂，因為佛羅里達大學可是蟬聯2005年和2006年的兩屆NCAA籃球冠軍喔！

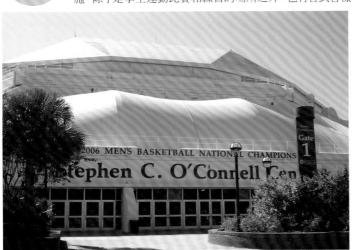

Info

$ 校內建築，一般遊客可免費參觀。觀賞比賽則需購買門票，門票票價不一，請向位於入口處的購票中心查詢。

▱ 34、118、119、120、125、126

beautiful views

Top 7　愛麗斯湖和蝙蝠屋 Lake Alice and Bat House MAP:C3

愛麗斯湖是校園內一項著名的自然景觀，由於甘尼斯維爾的沼澤性氣候，這裡除了是許多不同品種鳥類的家之外，愛麗斯湖中更生長著許許多多的鱷魚(alligator)，也因此鱷魚成為佛羅里達大學的吉祥物。

幽暗的沼澤也成為蝙蝠覓食的好去處，鄰近的蝙蝠屋(Bat House)是蝙蝠白天休息的地方，每到傍晚，牠們便會成群的飛出覓食，壯觀的景象令人百看不厭。在這裡，不需要舟車勞頓就可以輕輕鬆鬆的貼近大自然。

Info
- 💲 校內建築，一般遊客可免費參觀
- 🗓 20、21

Top 8　佛羅里達自然歷史博物館和侯恩美術館 MAP:D1、E1
Florida Museum of Natural History and Harn Museum of Art

坐落於校園東北方的兩座博物館更增添了佛羅里達大學的學術氣息，這兩座比鄰而居的小型博物館是想要了解佛羅里達的基本生態和增添文化氣息的好去處。佛羅里達自然歷史博物館主要展覽的北佛羅里達州的自然生態，內有擬真的石灰岩洞、洞內的生物展覽、生物的化石等等，提供了高達1,000萬種標本的展覽；侯恩美術館也不遑多讓地展示了十分多元的收藏品，這些收藏品來自美國、非洲、亞洲，也有哥倫布時代和現代藝術的作品，其中最令人津津樂道的便是印象派畫家莫內(Claude Monte)的作品「Champ d'avoine」。

Info
- 💲 校內建築，一般遊客可免費參觀；佛羅里達自然歷史博物館一般入場為免費，特定展覽價格不一請洽博物館服務中心；侯恩美術館免費入場。
- 🗓 20、21、34
- 🌐 侯恩美術館相關資料查詢：www.harn.ufl.edu

Top 9　西圖書館和美國廣場
Library West and Plaza of the Americas MAP:A7

西圖書館是學校的總圖，在2006年才正式啓用，占地廣大、藏書豐富，還有一整層專為研究所學生設置的讀書區，是一座現代化設施的圖書館。圖書館前的美國廣場是許多學生課間修憩、聊天、討論作業的地方，同樣也充滿了美國學生生活的風味。

Info
- 💲 Library West為校內建築，一般遊客可到達一和二樓，其他樓層須出示學生證；Plaza of the Americas可自由參觀。
- 🗓 121、126、127

Top 10　西南健身中心 MAP:D2
South West Recreation and Fitness Center

如果你對美國的印象還停留在到處是渾身肥肉的胖子的話，可就太落伍了囉！甘尼斯維爾是全美票選最適合慢跑的小鎮第二名，不論是清晨、日正當中、傍晚或是半夜，路上幾乎時時可見慢跑的人，校園內也有為慢跑者規劃的慢跑路線。到健身中心運動也是大家每週必備的行程，佛羅里達大學提供了西南健身中心作為學生健身的場所，裡面有各項運動和重量訓練的器材，也有壁球室、網球場、籃球場、沙灘排球場等。平日也會在開一些課程，如皮拉提斯、瑜珈、Hip Pop。

Info
- 💲 憑學生證(Gator1 ID)免費，一般民眾需攜帶身分證件，不另收費。
- 🗓 20、117、119、125、126

佛羅里達大學週邊玩樂吃喝

美食餐廳

1 Melting Pot 法式餐廳

✉ 418 E University Ave., Gainesville, FL 32601 (約在University Ave和Main St.交界處)

💲 主菜約$30～50

是甘尼斯維爾唯一一家的法式餐廳，專賣Fondue起司鍋，新鮮的食材再加上特製的Fondue起司鍋，吸引無數老饕，連法國人都愛去！

2 Calico Jack's Oyster Bar & Seafood House 海鮮餐廳

✉ 418 E University Ave., Gainesville, FL 32601 (約在University Ave.和Main St.交界處)

💲 生蠔一籃約$7，雞翅約$8～9

一個可以大啖生蠔和海鮮的好地方，新鮮生蠔配上冰涼的啤酒，絕對讓你生蠔一籃接一籃的停不下來，坐在吧檯邊還可以看到師傅如何處理生蠔；此外，店內的雞翅口味眾多，也是啤酒的良伴；還有鱷魚肉(Gator Yail)可以吃。

3 Chop Stix Café 亞洲餐廳

✉ 3500 Sw 13th St, Gainesville, FL 32608

大部分的亞洲美食都可吃到，Pad Thai尤為一絕，咖哩飯也香濃滑順，坐落於湖邊，夕陽時分可欣賞別緻的日落，燈光優美且氣氛浪漫，其缺點是上菜速度極慢，建議預先訂位。

4 David's Real Pit BBQ美式餐廳

✉ 5121 NW 39th Ave.,Gainesville, FL 32606

💲 套餐大約$10

店裡最出名的是肋排(Ribs)，肉多汁香味道讚，其各式各樣配菜也是一絕，比起主菜毫不遜色，便宜份量大，點一份可以讓你吃上三餐量。

5 Swamp Restaurant 美式餐廳

✉ 1642 W University Ave., Gainesville, FL 32603 (Library West的對面)

甘尼斯維爾歷史悠久的一家餐廳，幾乎每一個甘尼斯維爾人都吃過，主菜Salmon Club也廣受大家喜愛，烤得生熟參半的鮭魚、外層酥脆內層柔軟三明治夾上爽口生菜，讓人垂涎三尺，重要球賽還會有大型電視牆讓大家觀看球賽，氣氛非常熱絡。

6 Ichiban Sushi日本料理

✉ 1642 W University Ave, Gainesville, FL 32603 (Library West的對面)

💲 $10～50

目前超夯的日本料理，口味和傳統日式料理略有出入，已經改良過、較貼近美國人的日式料理，即便如此也不減食物的美味。壽司船(Sushi Boat)約$50，能一網打盡店內招牌的壽司和生魚片；豬排(Katsu Don)料多實在也是很好的選擇，價格高貴不貴約$10。晚上用餐很有Lounge Bar的感覺。

甘
尼
斯
維
爾

甘尼斯維爾市內的景點

1 巴勒廣場 Butler Plaza

巴勒廣場是個滿足所有生活所需的地方，這裡的
Publix、Wal-mart、Albertson、Target超級市場，可
以買到生活用品和各項料理食材烹煮；若不想親
自下廚，Plaza裡的餐廳更是不勝枚舉。此外，還
有供應電子產品的Best-Buy；也有CVS Pharmacy
和Walgreen的藥師提供諮詢。基本上，只要到了
Butler Plaza，沒有你買不到的生活用品。

2 市區 Downtown

⊠ Main Street(Downtown RTS Station位於SE 3rd
Street和Depot Avenue街角)
🚌 1、5、6、11、15

Downtown主要是甘尼斯維爾的行政區，如果
運氣好碰上了每逢11月舉辦的嘉年華(Annual
Downtown Festival & Art Show)，也不妨參觀一
下，還有現場演奏，在涼爽的天氣裡，享受身心
都沉浸在藝術的愉悅中是再舒服不過了。

3 橡樹購物中心 Oaks Mall

⊠ 6419 Newberry Road Gainesville, Florida
32605
🚌 5、20、75

在甘尼斯維爾最好的購物去處便是Oaks Mall，
美國的最in的流行資訊都囊括在這一間購物中心
中，內有Coach、Abercrombie & Fitch、Victoria's
Secrets、Banana Republic、Gap、American
Eagle Outfitters等，臺灣正紅的典型美國商品都在
這裡讓你帶回家。

甘尼斯維爾市外的景點

1 西達島 Cedar Key

開車：沿FL-24往西開約1個半小時

位於甘尼斯維爾西南方50英哩處的天然海岸，西達島
是個充分展現老派佛羅里達風情的小漁村。墨西哥海灣
的溫暖海水為這裡注入了豐富的海產，也帶來了大量棲
息於此的鳥類，也因次Ceday Key許多地方都規劃為西
達島國家野生動物保護區(Cedar Keys National Wildlife
Refuge)。

2 奧蘭多 Orlando

開車：I-75往南55英里，由328號出口接Florida's
Turnpike再走約55英里，從250號出口開始便會標
明各個觀光勝地。車程約兩小時。

奧蘭多是佛羅里達最具代表性城市之一，位於甘尼斯
維爾南方1個半小時車程的地方，奧蘭多以眾多的主
題公園著名。這裡有Walt Disney World(又分為Magic
Kingdom、MGM、Animal Kingdom、Epcot園區)、
Universal(分為Studio及Island of Adventure)和Sea World
等，使奧蘭多成為世界上最好的休閒城市之一。

3 潘納瑪市 Panama City

開車：I-75往北50英哩，由435號出口接I-10往西再走約170英哩，由130號出口轉接US-231往南再開約60英哩。車程約4個半小時。

位於佛羅里達的西北處，距離甘尼斯維爾約4個半小時車程，這裡是佛羅里達大學學生、甚至是全美大學生春假(Spring Break)不可不去朝聖的地點。

4 聖奧格斯汀 St. Augustine

開車：沿FL-20往東北開約1個半小時

1565年，西班牙人在此登陸，因此被稱為美國大陸最古老的城市，充滿了濃厚的陳年歷史味。這裡的巷道、建築、飲食都瀰漫著西班牙的浪漫情懷。鎮裡最出名的建築物便是聖馬可斯堡壘(Castillo de San Marcos)。

5 坦帕、清水灣和聖彼得堡 Tampa, Clearwater and St. Petersburg

開車：沿I-75往南開約2個小時

這一帶便是所謂的坦帕灣區(Tampa Bay Area)，喜愛MLB的人想必對這裡不陌生，這裡除了是坦帕灣光芒(Tampa Rays)的主場之外，也是洋基的春訓場地。
Clearwater有著漂亮的海灘可以走上一遭，還可以搭乘Cruise出海看海豚；St. Petersburg最出名的則是達利美術館(Salvador Dali Museum)。

佛羅里達大學
University of Florida

夢想奔放美東大學城

So Easy 062

召 集 人	劉昱承
作　　者	林怡潔・周蔚倫・劉微明・孫偉家・周慧君・陳孟竹・何孟賢 林彥廷・郭銘蘭・呂怡慧

總 編 輯	張芳玲
書系主編	張敏慧
特約編輯	林淑媛
美術設計	陳淑瑩
封面設計	陳淑瑩

TEL：(02)2836-0755　FAX：(02)2831-8057
E-MAIL：taiya@morningstar.com.tw
郵政信箱：台北市郵政53-1291號信箱
太雅網址：http://taiya.morningstar.com.tw
購書網址：http://www.morningstar.com.tw

發 行 所	太雅出版有限公司 行政院新聞局局版台業字第五○○四號

承　　製	知己圖書股份有限公司 台中市407工業區30路1號 TEL：(04)2358-1803

總 經 銷	知己圖書股份有限公司 台北公司 台北市106羅斯福路二段95號4樓之3 TEL：(02)2367-2044　FAX：(02)2363-5741 台中公司 台中市407工業區30路1號 TEL：(04)2359-5819　FAX：(04)2359-5493 郵政劃撥　15060393 戶　　名　知己圖書股份有限公司

廣告刊登	太雅廣告部 TEL：(02)2836-0755　E-mail: taiya@morningstar.com.tw

初　　版	西元2009年4月10日
定　　價	250元

（本書如有破損或缺頁，請寄回本公司發行部更換，或撥讀者服務專線04-23595819）

ISBN 978-986-6629-35-8
Published by TAIYA Publishing Co.,Ltd.
Printed in Taiwan
國家圖書館出版品預行編目資料

夢想奔放美東大學城／林怡潔等作──初版．
──臺北市：太雅，2009.04
面； 公分 ．──（So easy；62）
ISBN 978-986-6629-35-8 （平裝）

1.大學 2.留學3.旅遊 4.美國

525.852　　　　　　　　　　98003805

很高興您選擇了太雅生活館(出版社)的「生活技能」系列，陪伴您一起享受生活樂趣。只要將以下資料填妥回覆，您就是「生活技能俱樂部」的會員，將能收到最新出版的電子報訊息。

這次購買的書名是：生活技能／**夢想奔放美東大學城**(So Easy 062)

1.姓名：＿＿＿＿＿＿＿＿＿＿＿＿＿＿＿＿　性別：□男 □女

2.出生：民國 ＿＿＿＿年 ＿＿＿＿月 ＿＿＿＿日

3.您的電話：＿＿＿＿＿＿＿＿＿＿　E-mail：＿＿＿＿＿＿＿＿＿＿＿＿＿＿＿

　地址：郵遞區號□□□ ＿＿＿＿＿＿＿＿＿＿＿＿＿＿＿＿＿＿＿＿＿＿＿

4.您的職業類別是：□製造業 □家庭主婦 □金融業 □傳播業 □商業 □自由業 □服務業
　　□教師 □軍人 □公務員 □學生 □其他

5.每個月的收入：□18,000以下 □18,000~22,000 □22,000~26,000 □26,000~30,000
　　□30,000~40,000 □40,000~60,000 □60,000以上

6.您是如何知道這本書的出版？□＿＿＿＿＿報紙的報導 □＿＿＿＿＿報紙的出版廣告
　□＿＿＿＿＿雜誌 □＿＿＿＿＿廣播節目 □＿＿＿＿＿網站 □書展
　□逛書店時無意中看到的 □朋友介紹 □太雅生活館的其他出版品上

7.讓您決定購買這本書的最主要理由是？ □封面看起來很有質感 □內容清楚，資料實用
　□題材剛好適合 □價格可以接受 □資訊夠豐富 □內頁精緻 □知識容易吸收 □其他

8.您會建議本書哪個部份，一定要再改進才可以更好？為什麼？

9.您是否已經開始照著這本書準備留學？使用這本書的心得是？有哪些建議？

10.您平常最常看什麼類型的書？□檢索導覽式的旅遊工具書 □心情筆記式旅行書
　□食譜 □美食名店導覽 □美容時尚 □其他類型的生活資訊 □兩性關係及愛情
　□其他

11.您計畫中，未來想要學習的嗜好、技能是？ 1.＿＿＿＿＿＿＿ 2.＿＿＿＿＿＿＿
　　3.＿＿＿＿＿＿＿ 4.＿＿＿＿＿＿＿ 5.＿＿＿＿＿＿＿

12.您平常隔多久會去逛書店？ □每星期 □每個月 □不定期隨興去 ＿＿＿＿＿＿＿

13.您固定會去哪類型的地方買書？ □＿＿＿＿＿連鎖書店 □＿＿＿＿＿傳統書店
　□＿＿＿＿＿便利超商 □＿＿＿＿＿網路書店 □其他＿＿＿＿＿＿＿＿＿＿

14.哪些類別、哪些形式、哪些主題的書是您一直有需要，但是一直都找不到的？

15.您曾經買過太雅其他哪些書籍嗎？＿＿＿＿＿＿＿＿＿＿＿＿＿＿＿＿＿＿＿＿

填表日期：＿＿＿＿年 ＿＿＿＿月 ＿＿＿＿日

廣　告　回　信
台灣北區郵政管理局登記證
北 台 字 第 1 2 8 9 6 號
免　貼　郵　票

太雅生活館　編輯部收

10699 台北郵政53～1291號信箱

電話：(02)2836-0755

傳真： **02-2831-8057**

(若用傳真回覆，請先放大影印再傳真，謝謝！)

太雅生活館

有 品 味 的 生 活 學 習 ， 從 太 雅 生 活 館 開 始